Duden

WISSEN >> ÜBEN >> TESTEN

Latein

3., aktualisierte Auflage

2.
Lernjahr

Dudenverlag
Berlin

Bibliografische Information der Deutschen Nationalbibliothek
Die Deutsche Nationalbibliothek verzeichnet diese Publikation in der Deutschen Nationalbibliografie; detaillierte bibliografische Daten sind im Internet über http://dnb.dn-b.de abrufbar.

Bibliographisches Institut GmbH
Mecklenburgische Straße 53, 14197 Berlin

Redaktionelle Leitung Anika Donner
Redaktion Linda Strehl
Autorin Maria Anna Söllner, Linda Strehl (Klappe)

Herstellung Maike Häßler
Layout Horst Bachmann
Illustration Carmen Strzelecki
Umschlagabbildung Shutterstock

Satz Katrin Kleinschrot, Stuttgart
Druck und Bindung Offizin Andersen Nexö Leipzig GmbH
Spenglerallee 26–30, 04442 Zwenkau
Printed in Germany

ISBN 978-3-411-72733-9

www.duden.de

Inhaltsverzeichnis

6 Partizipien

7 Der Konjunktiv

8 Adverbialsätze

INHALT

Die Substantive

1.1 Die Substantive der ē-Deklination

Die Formen der ē-Deklination

Einige Substantive weisen in allen Kasus ein *-e-* auf; deshalb wird ihre Deklinationsgruppe ē-Deklination (auch 5. Deklination) genannt. Die Endungen lauten:

	Sg.	Pl.
Nom.	*-ēs*	*-ēs*
Gen.	*-eī*	*-ērum*
Dat.	*-eī*	*-ēbus*
Akk.	*-em*	*-ēs*
Abl.	*-ē*	*-ēbus*

res, rei – Sache, Ding
meridies, meridiei – Mittag
dies, diei – Tag
fides, fidei – Treue, Vertrauen
spes, spei – Hoffnung
facies, faciei – Gesicht, Gestalt
acies, aciei – Schärfe, Schlacht(-ordnung)

Aufgepasst: Wie du siehst, sind nicht alle Formen eindeutig einem Kasus zuzuordnen! Um welchen Kasus und Numerus es sich jeweils handelt, musst du deshalb aus dem Zusammenhang entscheiden. Achte auf eventuell vorhandene Adjektivattribute und das Prädikat:

- *-ēs* → Nom. Sg., Nom. Pl. oder Akk. Pl.
- *-eī* → Gen. Sg. oder Dat. Sg.
- *-ēbus* → Dat. Pl. oder Abl. Pl.

Haec res nobis magno usui **fuit.** – Dies (diese Sache, *Nom. Sg.*) war uns sehr nützlich.
Hae res nobis magno usui **fuerunt.** – Diese Dinge *(Nom. Pl.)* waren uns sehr nützlich.

Merke: Die Substantive der ē-Deklination sind **Feminina.** Ausnahmen sind *diēs – Tag* und *merīdiēs – Mittag,* die beide Maskulinum sind. Aber: In der Bedeutung „Zeitpunkt, Termin" ist *diēs* Femininum.

dies fest**us** *m* – Festtag
dies cert**a** *f* – bestimmter Termin

Ausdrücke mit *rēs*

Lerne als feste Ausdrücke:
rēs pūblica – Staat
rēs secundae (nur Pl.) – *Glück*
rēs adversae (nur Pl.) – *Unglück*
rēs futūrae (nur Pl.) – *Zukunft*

Romani et in **rebus secundis** et in **rebus adversis rei publicae** prodesse studebant. – Die Römer waren eifrig bemüht, dem Staat sowohl in glücklichen als auch in unglücklichen Zeiten zu nützen.

ÜBUNG 1 Ergänze die fehlenden Formen.

	Singular	Plural
Nom.	res	
Gen.		
Dat.		
Akk.		
Abl.		

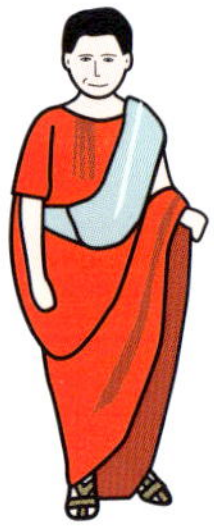

ÜBUNG 2 Um welchen Kasus handelt es sich? Schreibe die Wörter in die Tabelle. Achtung: Manche Formen kannst du an mehreren Stellen einsetzen!

meridie – res (3x) – fidei (2x) – dies (3x) – rerum – spei (2x) – spem – diebus (2x) – acies (3x) – rebus (2x)

	Singular	Plural
Nom.		
Gen.		
Dat.		
Akk.		
Abl.		

ÜBUNG 3 Bestimme die Form und setze sie anschließend in den Singular oder Plural. Beachte, dass es in manchen Fällen mehr als eine Lösung gibt!

spem:	Akk. Sg.	→	spes
rebus:		→	
aciem:		→	
dierum:		→	
rei:		→	
die:		→	
res:		→	

ÜBEN

WISSEN +

Die ā- und o-Deklination
Erinnerst du dich noch an die ā- und o-Deklination? Die Endungen lauten:

	ā-Deklination		o-Deklination	
	Sg.	Pl.	Sg.	Pl.
Nom.	*-a*	*-ae*	*-us (-er)*	*-ī*
Gen.	*-ae*	*-ārum*	*-ī*	*-ōrum*
Dat.	*-ae*	*-īs*	*-ō*	*-īs*
Akk.	*-am*	*-ās*	*-um*	*-ōs*
Abl.	*-ā*	*-īs*	*-ō*	*-īs*

Die Neutra der o-Deklination enden im Nom. Sg. auf *-um*, im Nom. und Akk. Pl. auf *-a*. Dieselben Endungen haben auch die Adjektive der ā-/o-Deklination.

Substantive:
amica, -ae *f* – Freundin
schola, -ae *f* – Schule
filius, -ii *m* – Sohn
puer, -i *m* – Junge
magister, -tri *m* – Lehrer
templum, -i *n* – Tempel

Adjektive:
bonus, -a, -um – gut
pulcher, -chra, -chrum – schön

Amica pulchra est. – Meine Freundin ist schön.
Mihi est amicus pulcher. – Ich habe einen schönen Freund.

ÜBUNG 4 **Zu welcher Deklination gehören die Kasus der folgenden Substantive? Bilde jeweils den Nominativ Singular und schreibe ihn in die richtige Spalte.**

dierum – amicae – villam – puero – faciei – filii – insula – dona – acie

ā-Deklination:

o-Deklination:

ē-Deklination:

ÜBUNG 5 **Dekliniere folgende Wendungen vollständig im Singular und im Plural. Schreibe in dein Übungsheft.**

1. res publica
2. facies pulchra
3. dies festus

ÜBUNG 6 **Ordne den Substantiven jeweils das passende Adjektiv zu. Schreibe in dein Übungsheft.**

re – horti – rerum – faciei – diebus – servas

malis – multas – futurarum – pulchrae – bona – magni

ÜBEN

1.2 Die Substantive der u-Deklination

Die Substantive, bei denen in fast allen Formen ein *-u-* vorkommt, zählen zur u-Deklination (auch 4. Deklination genannt).

	Sg.	Pl.
Nom.	*-us*	*-ūs*
Gen.	*-ūs*	*-uum*
Dat.	*-uī*	*-ibus*
Akk.	*-um*	*-ūs*
Abl.	*-ū*	*-ibus*

arcus, -us – Bogen
exercitus, -us – Heer
casus, -us – Fall, Zufall
senatus, -us – Senat

Vier Kasus (Nom. Sg. und Gen. Sg., Nom. Pl. und Akk. Pl.) sehen also gleich aus. Achte deshalb auf zugehörige Adjektive, durch die der Kasus eindeutiger wird.

senat**us** Roman**us** → *Nom. Sg.*
exercit**us** inimici → *Gen. Sg. / Nom. Pl.*
arc**us** alt**os** → *Akk. Pl.*

Tipp: Um die Substantive der u-Deklination von den Maskulina der o-Deklination zu unterscheiden, lerne immer gleich den Genitiv mit.

portus, portus – Hafen → u-Deklination
hortus, horti – Garten → o-Deklination

Aufgepasst: Fast alle Substantive auf *-us* der u-Deklination sind maskulin, außer:
manus, -ūs f – *Hand, Schar*
domus, -ūs f – *Haus*
porticus, -ūs f – *Säulenhalle*

Lerne deshalb immer auch das Genus mit.

Dom**us** nostr**a** ampl**a** est. – Unser Haus ist geräumig.
Portic**us** public**a** in foro Romano est. – Die öffentliche Säulenhalle befindet sich auf dem Forum Romanum.

sprich: „portus, portūs, Maskulinum – Hafen", „domus, domūs, Femininum – Haus"

Die nicht sehr zahlreichen Neutra der u-Deklination haben im Nom. und Akk. Sg. ***-ū***, im Nom. und Akk. Pl. ***-ua***.

cornu, -us *n* – Horn
genu, -us *n* – Knie
Mihi genua tremuerunt. – Meine Knie zitterten.

Beachte: Besondere Formen bildet *domus:*

	Sg.	Pl.
Nom.	*domus*	*domūs*
Gen.	*domūs*	*domōrum (domuum)*
Dat.	*domuī*	*domibus*
Akk.	*domum*	*domōs (domūs)*
Abl.	*domō*	*domibus*

Tecta dom**orum** viderunt. – Sie sahen die Dächer der Häuser.

Lerne außerdem als feste Wendungen:
domī – zu Hause, domō – von zu Hause, domum – nach Hause

Discipuli laeti dom**um** eunt. – Die Schüler gehen froh nach Hause.

ÜBUNG 7 Ergänze die fehlenden Formen.

	Singular	Plural	Singular	Plural
Nom.	casus		genu	
Gen.	casus			
Dat.				
Akk.				
Abl.				

ÜBUNG 8 Trage die passenden Formen in das Wortgitter ein.

1. Gen. Pl. von *arcus*
2. Akk. Pl. von *cornu*
3. Abl. Sg. von *magistratus*
4. Dat. Sg. von *exercitus*
5. Gen. Sg. von *senatus*
6. Akk. Pl. von *domus*

1.
2.
3.
4.
5.
6.

Lösungswort:

WISSEN +

Die 3. Deklination
Die große Gruppe der 3. Deklination umfasst konsonantische, i- und Mischstämme. Wiederhole die Besonderheiten von jeder Untergruppe mithilfe deines Lateinbuchs.

Tipp: Lerne immer gleich den Genitiv und das Genus mit. So weißt du, von welchem Wortstamm die weiteren Kasus gebildet werden.

konsonantische Stämme:
orator, -oris *m* – Redner
os, oris *n* – Mund

i-Stämme:
turris, -is *f* – Turm
mare, -is *n* – Meer

Mischstämme:
urbs, urbis *f* – Stadt
cor, cordis *n* – Herz

ÜBUNG 9 **Verbinde die Substantive mit den passenden Adjektiven. Schreibe in dein Übungsheft.**

matri – regi – turri – navium – fratribus – milites – oratorem

meis – bono – fortes – bonae – alta – praeclarum – celerium

ÜBUNG 10 **Achtung, Verwechslungsgefahr! Bestimme jeweils Kasus und Numerus der unterstrichenen Wörter und übersetze den ganzen Satz in deinem Übungsheft.**

1. Sonus <u>cornus</u> auditur. →
2. <u>Arcus</u> triumphi magnus est. →
3. <u>Magistratus</u> populo ludos parant. →
4. In foro Romano multos <u>arcus</u> videmus.
   →
5. Dux <u>exercitus</u> inimici captus est.
   →

■ *Vokabeln:* sonus, -i *m* – Klang

ÜBUNG 11 **Um welche Deklination handelt es sich? Bilde jeweils den Nominativ Singular und trage ihn in die Tabelle ein.**

fidem – populus – cornus – porticus – civibus – rebus – regibus – manibus – maribus – domorum – donorum – aciem – dei – die – vires – viri

o-Deklination	ē-Deklination	u-Deklination	3. Deklination

1.3 Kasuslehre

Der Genitiv

Der **Genitivus subiectivus** bezeichnet die Person, die etwas tut oder empfindet, während mit dem **Genitivus obiectivus** das Ziel bzw. Objekt einer Handlung oder Empfindung angegeben wird. *Achtung:* Ob es sich um einen Genitivus subiectivus oder obiectivus handelt, musst du aus dem Zusammenhang entscheiden.	*Gen. subi.:* victoria Roman**orum** – der Sieg der Römer invidia fratr**is** – der Neid des Bruders *Gen. obi.:* victoria Roman**orum** – der Sieg **über** die Römer invidia fratr**is** – der Neid **auf** den Bruder
Mit dem **Genitivus partitivus** wird das Ganze angegeben, von dem ein Teil genannt ist. Er steht u.a. bei Mengenangaben, Pronomen oder Steigerungsformen.	multum frument**i** – viel Getreide quid nov**i?** – was gibt es Neues? maior fratr**um** – der ältere Bruder maximus fratr**um** – der älteste Bruder
Der **Genitivus possessivus** bezeichnet den Besitzer einer Sache. Steht eine Form von *esse* dabei, übersetze mit „jemandem gehören". *Tipp:* Präge dir den Ausdruck *alicuius est – es ist jemandes Aufgabe, Pflicht, Gewohnheit, Eigenschaft* gut ein.	villa av**i** – das Landhaus des Großvaters templum Iov**is** – der Tempel des Jupiter Villa av**i** est. – Das Landhaus **gehört** dem Großvater. senat**us** est – es ist Aufgabe / Pflicht des Senats
Eigenschaften werden im **Genitivus qualitatis** angegeben.	Marcus puer decem ann**orum** est. – Marcus ist ein Junge von zehn Jahren.

Der Dativ

Der **Dativus commodi** *(commodum – Vorteil)* bezeichnet die Person oder Sache, zu deren Vorteil etwas geschieht.	Non schol**ae,** sed vit**ae** discimus. – Wir lernen nicht für die Schule, sondern für das Leben.
Zur Angabe des Zwecks wird der **Dativus finalis** verwendet. Oft steht er zusammen mit einem Dativus commodi der Person.	alicui **odio** esse – jdm. verhasst sein alicui **cordi** esse – jdm. am Herzen liegen alicui aliquid **crimini** dare – jdm. etwas zum Vorwurf machen
Der Besitzer wird oft mit dem **Dativus possessivus** in Verbindung mit *esse* angegeben (vgl. Genitivus possessivus). *Esse* wird hier mit „haben, besitzen" übersetzt.	Horati**o** villa erat. – Horaz besaß / hatte ein Landhaus. Puer**o** nomen Gaius est. – Der Junge hat den Namen / heißt Gaius.

Der Akkusativ

Der Akkusativ hat nicht nur die Funktion eines Objekts, sondern steht auch, um die **Richtung** („wohin?") anzugeben.	Rom**am** imus. – Wir gehen nach Rom. Cornelia dom**um** properat. – Cornelia eilt nach Hause.
Achtung: Bei Namen von Städten und kleineren Inseln steht der reine Akkusativ, bei Ländern und größeren Inseln *in* + Akk.	Cicero **in** Graeci**am** navigavit. – Cicero fuhr mit dem Schiff nach Griechenland.

Der Ablativ

Mit dem **Ablativus separativus** wird ein Ausgangspunkt („woher?") bezeichnet. Er steht mit Präposition außer bei Namen von Orten und kleineren Inseln sowie bei *domō – von zuhause* und *rūre – vom Land.*	**ex** villa / **a** for**o** venire – aus dem Landhaus / vom Forum kommen *aber:* Rom**ā** / dom**o** venire – von Rom / von zuhause kommen
Der **Ablativus loci** steht ohne Präposition bei Städten und kleineren Inseln sowie in festen Wendungen auf die Frage „wo?". Häufig finden sich alte Lokativformen: *Rōmae – in Rom, Corinthī – in Korinth, domī – zuhause, rūrī – auf dem Land*	Pater Athen**is** est. – Der Vater ist in Athen. Dom**i** sumus. – Wir sind zu Hause. Rom**ae** habitant. – Sie wohnen in Rom. *aber:* **In** urbe Rom**a** sunt. – Sie sind in der Stadt Rom.
Achtung: Bei Namen von größeren Inseln und Ländern steht *in* + Abl.	**In** Sicili**a** habito. – Ich wohne auf Sizilien.
Der **Ablativus instrumentalis** bezeichnet das Mittel oder Werkzeug („womit?", „wodurch?").	Ocul**is** videmus. – Wir sehen mit den Augen. Curr**u** vehor. – Ich fahre mit dem Wagen. Rufus equ**o** vehitur. – Rufus reitet.
Mit dem **Ablativus causae** wird der Grund oder die Ursache („weshalb?") angegeben, besonders bei Verben der Gemütsbewegung.	Multi fam**e** pereunt. – Viele verhungern. Romani victori**a** gaudent. – Die Römer freuen sich über den Sieg.
Tipp: Der Ablativus causae kann auch von einem PPP (↑ Kap. 6.1) abhängen, das nicht immer mitübersetzt werden muss.	ir**ā** incensus – zornentbrannt amor**e** impulsus – aus Liebe timor**e** perterritus – aus Angst
Der **Ablativus comparationis** bezeichnet beim Komparativ (↑ Kap. 2.1) den Ausgangspunkt des Vergleichs.	Gaius Marc**o** stult**ior** est. – Gaius ist dümmer **als** Marcus („von Marcus aus gesehen").
Der **Ablativus qualitatis** bezeichnet körperliche oder geistige Eigenschaften.	vir summ**o** ingeni**o** – ein sehr begabter Mann („von höchster Begabung")

ÜBUNG 12 **Genitivus subiectivus, Genitivus obiectivus oder beides? Kreuze an und übersetze anschließend die Ausdrücke.**

	Gen. subi.	Gen. obi.	
timor Romanorum	☐	☐	
auxilium deorum	☐	☐	
spes salutis	☐	☐	
amor avi	☐	☐	
insidiae militum	☐	☐	

ÜBUNG 13 **Übersetze die folgenden Sätze und bestimme die Funktion der Genitive. Schreibe in dein Übungsheft.**

1. Mihi est aliquid pecuniae.
2. Cupiditas potestatis homini semper nocuit.
3. Magistri multi libri sunt.
4. Consulum est rem publicam bene gerere.

■ *Vokabeln:* cupiditas, -atis *f* – Gier, potestas, -atis *f* – Macht

ÜBUNG 14 **Setze in den folgenden Sätzen die Wörter in Klammern in den Dativ. Um welche Dativfunktion handelt es sich jeweils? Übersetze die Sätze in deinem Übungsheft.**

________ (puer) nomen est Tullius. → Dat. poss.

Lingua Latina ________ (ego) ________ (gaudium) est. → ________ / ________

________ (pater) multi equi sunt. → ________

Non ________ (nos soli) vivimus. → ________

Industria ________ (discipuli) ________ (magnus usus) est. → ________ / ________

■ *Vokabeln:* industria, -ae *f* – Fleiß

ÜBEN

ÜBUNG 15 **Ergänze die richtigen Endungen und, wo nötig, die Präposition *in*.**

Quo vadis? – Wohin gehst du?

(Roma) ______________ eo.

(domus) ______________ vado.

(Sicilia) ______________ navigo.

(urbs) ______________ propero.

(Athenae) ______________ eo.

■ *Vokabeln:* Athenae, -arum *f* – Athen

WISSEN

Akkusativ zur Ortsbestimmung
Bei Verben des Ankommens, Zusammenkommens und Meldens steht die Bewegung auf das Ziel hin („wohin?") im Vordergrund: Der Ort ist deshalb im **Akkusativ** der Richtung angegeben. Im Deutschen hingegen fragt man bei diesen Verben „wo?".

Rom**am** („wohin?") pervenerunt. – Sie kamen in Rom („wo?") an.
Senatores **in** curi**am** conveniunt. – Die Senatoren kommen in der Kurie zusammen.
Hoc in urb**em** nuntiatum est. – Das wurde in der Stadt gemeldet.

ÜBUNG 16 **Wo oder wohin? Ablativus loci oder Akkusativ der Richtung? Streiche den falschen Kasus und übersetze die Sätze in deinem Übungsheft.**

ACHTUNG FEHLER

Marcus in forum / in foro pervenit.
Romae / Romam multi homines habitant.
Cicero Athenis / Athenas advenit.
Parentes domi / domum redeunt.

ÜBUNG 17 **Verbinde folgende Elemente zu sinnvollen Sätzen. Um welche Ablative handelt es sich jeweils? Bestimme deren Funktion und übersetze sie in deinem Übungsheft.**

poeta	ex urbe Roma	versus scripsit
Claudia	vir magna sapientia	vehitur
puellae	maior fratre	est
Cornelius	amore adductus	veniunt
Socrates	equo	fuit

■ *Vokabeln:* versus, -us *m* – Vers, equo vehi – reiten

Klassenarbeit 1

45 Minuten

AUFGABE 1 **Bestimme Kasus, Numerus und Deklination. Schreibe den Nominativ samt Genus und Bedeutung auf.**

manui: Dat. Sg., u-Deklination → manus, -us *f* - Hand

magistro: →

magistratu: →

senatorum: →

arcuum: →

arce: →

AUFGABE 2 **Welches Adjektiv passt zu welchem Substantiv? Schreibe die Kombinationen auf und bestimme Kasus, Numerus und Genus.**

faciei	amplis
manu	festo
turrim	pulchrae
domibus	secundas
res	parva
die	altam

:

:

:

:

:

:

AUFGABE 3 **Um welche Kasusfunktion handelt es sich? Kreuze an.**

	Abl. causae	Abl. instr.	Abl. comp.
1. Nemo Socrate sapientior fuit.	☐	☐	☐
2. Pater gaudio adductus risit.	☐	☐	☐
3. Caesar curru in urbem Romam vehitur.	☐	☐	☐
4. Gladiatores gladiis pugnaverunt.	☐	☐	☐
5. Cornelia omnibus puellis pulchrior est.	☐	☐	☐

TESTEN

AUFGABE 4 **Wohin? Woher? Wo? – Setze die passenden Kasus ein.**

rus - Romam - domum - urbem - domo - domi - domo - Romae

In ______ Lucii ignis fuit. Omnes clamaverunt et ex ______ properaverunt.

Gaius clam nocte ______ iit; parentes eum irā incensi ______ iam exspectaverunt.

Caesar hodie ______ advenit; ______ non diu manebit.

Agricola maestus in ______ iit, laetus ______ rediit.

■ *Vokabeln:* ignis, -is *m* – Feuer, agricola, -ae *m* – Bauer

AUFGABE 5 **Bestimme die Funktion der Genitive und übersetze die Sätze in deinem Übungsheft. Ersetze dann – wenn möglich – den Genitiv mit einem anderen Kasus.**

Cleopatra femina magnae pulchritudinis fuit.
Timor Romanorum inimicis usui erat.
Illa domus patris Lucii est.
Consulis est semper civibus consulere.

AUFGABE 6 **Ergänze die fehlenden Endungen und bestimme dann in Klammern die Kasusfunktion aller vorhandenen Dative. Übersetze die Sätze in deinem Übungsheft.**

Salus liber ______ parentibus (______) cord ______ (______) est.

Cui (______) bon ______ (______) est?

Mater mihi (______) ignaviam crim ______ (______) dat.

Caesar milites civ ______ (______) praesidi ______ (______) reliquit.

■ *Vokabeln:* ignavia, -ae *f* – Trägheit, praesidium, -i *n* – Schutz

Klassenarbeit 2

45 Minuten

AUFGABE 7 **Welche Substantive gehören zur o-Deklination, welche zur u-Deklination? Ordne zu. Zu welcher Deklination gehören die Substantive, die du hier nicht einordnen kannst?**

cursus – annus – portus – hortus – manus – salus – stilus – exercitus – tempus – adversarius

o-Deklination | **u-Deklination**

Die übrigen Substantive gehören zur ______ .

AUFGABE 8 **Suche aus der Wortschlange Substantive der ē-Deklination heraus und bestimme ihre Form. Achtung: Manche Formen sind mehrdeutig! Nenne auch den Nom. Sg. und die Bedeutung.**

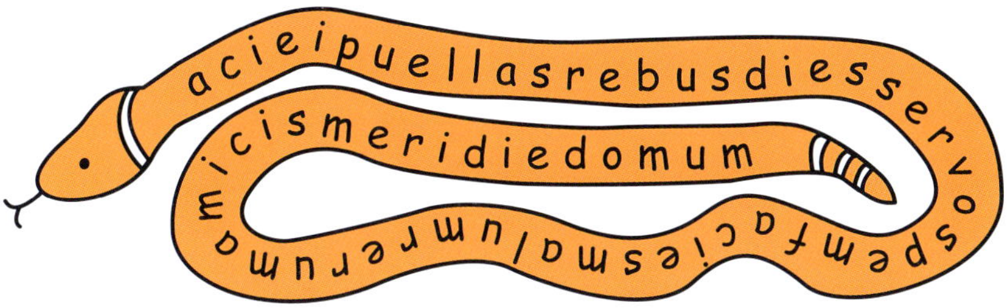

AUFGABE 9 **Bilde die Formen von *domus*, die denen von *aedificium* entsprechen.**

aedificii:	aedificia:
aedificium:	aedificio:
aedificiorum:	aedificiis:

AUFGABE 10 **Welche Funktion hat der Genitiv in den folgenden Ausdrücken? Übersetze.**

mos maiorum →

metus discipulorum →

consulis est →

AUFGABE 11 **Bestimme die Funktion der Dative. Übersetze die Sätze.**

Servi saluti convivarum providebant.

Lingua Latina multis discipulis odio est.

Ciceroni praedium erat, quod Tusculum nominabatur.

Salus omnium civium consulibus maximo cordi erat.

■ *Vokabeln:* praedium, -i *n* – Landgut

AUFGABE 12 **Ergänze die passenden Endungen. Um welche Kasusfunktion handelt es sich jeweils? Übersetze.**

Hannibal in Hispaniam am (Akk. der Richtung) missus est.

Vultus Hannibalis vigor magno ( ) erat.

Saepe inter custodias hum ( ) dormiebat.

Princeps in proeli ( ) ibat, ultimus e proeli ( )

■ *Vokabeln:* Hispania, -ae *f* – Spanien, vigor, -oris *m* – Kraft, Lebhaftigkeit, custodia, -ae *f* – Wachposten

TESTEN

Adjektive und Adverbien

2.1 Die Steigerung der Adjektive

Der Komparativ

Der Komparativ (Steigerungsstufe) des Adjektivs wird mit dem jeweiligen Adjektivstamm, d.h. dem Adjektiv ohne Genitivendung, und *-ior* für Maskulinum und Femininum sowie *-ius* für das Neutrum gebildet. Die Grundstufe des Adjektivs wird Positiv genannt.

Positiv	*Gen. Sg.*	*Komparativ*
longus	long-i	long**ior, -ius**
lang		länger
pulcher	pulchr-i	pulchr**ior, -ius**
schön		schöner
celer	celer-is	celer**ior, -ius**
schnell		schneller
acer	acr-is	acr**ior, -ius**
scharf		schärfer
prudens	prudent-is	prudent**ior, -ius**
klug		klüger

Der Komparativ folgt immer der **konsonantischen bzw. 3. Deklination**, egal welcher Deklination der Positiv angehört:

	Sg.		Pl.	
	m/f	n	m/f	n
Nom.	*-ior*	*-ius*	*-iōrēs*	*-iōra*
Gen.	*-iōris*		*-iōrum*	
Dat.	*-iōrī*		*-iōribus*	
Akk.	*-iōrem*	*-ius*	*-iōrēs*	*-iōra*
Abl.	*-iōre*		*-iōribus*	

Der Vergleichsgegenstand wird beim Komparativ oft mit *quam (als)* angeschlossen.

Marius stultior **quam** Gaius est. – Marius ist dümmer **als** Gaius.
Vinum frigidius **quam** aqua est. – Der Wein ist kälter **als** das Wasser.

Statt *quam* + Substantiv kann in diesem Fall auch der Ablativus comparationis (↑ Kap. 1.3) stehen.

Marius stultior **Gaio** est.
Vinum frigidius **aqua** est.

Tipp: Fehlt bei einem Komparativ der Vergleichsgegenstand, übersetze nicht mit einem Komparativ, sondern mit „ziemlich“ oder „zu“.

Marius stultior est. – Marius ist **ziemlich** dumm.
Vinum frigidius est. – Der Wein ist **zu** kalt.

Der Superlativ

Beim Superlativ (Höchststufe) wird an den Stamm des Adjektivs die Endung *-issimus, -issima, -issimum* angehängt.
Die Kasus werden immer nach der ā-/o-Deklination gebildet.

Positiv	*Superlativ*
altus	alt**issimus, -a, -um**
hoch, tief	der höchste, tiefste
felix	felic**issimus, -a, -um**
glücklich	der glücklichste
brevis	brev**issimus, -a, -um**
kurz	der kürzeste
prudens	prudent**issimus, -a, -um**
klug	der klügste

Claudia **prudentissima** discipularum est. – Claudia ist die klügste Schülerin (*wörtl.* der Schülerinnen).

Achtung: Einige Adjektive auf *-lis* bilden den Superlativ mit dem Adjektivstamm und *-limus, -lima, -limum.*

Positiv	*Superlativ*
facilis	facil**limus, -a, -um**
leicht	der leichteste
difficilis	difficil**limus, -a, -um**
schwierig	der schwierigste
similis	simil**limus, -a, -um**
ähnlich	der ähnlichste

Bei den Adjektiven auf *-er* der ā-/o-Deklination sowie der 3. Deklination wird an den **Nominativ Singular Maskulinum** die Superlativendung *-rimus, -rima, -rimum* angehängt.

Positiv	*Superlativ*
celer	celer**rimus, -a, -um**
schnell	der schnellste
acer	acer**rimus, -a, -um**
scharf	der schärfste
pulcher	pulcher**rimus, -a, -um**
schön	der schönste

Roma **pulcherrima** omnium urbium est. – Rom ist die schönste aller Städte.

Beachte: Mit der Superlativform wird entweder die Höchststufe, also der eigentliche Superlativ, oder ein hoher Grad bezeichnet. In dieser Verwendung, die **Elativ** genannt wird, fehlt also der Vergleichspunkt; du übersetzt dann am besten mit „sehr", „äußerst", „überaus" oder aber mit einem Adjektiv, das schon eine kaum zu übertreffende Eigenschaft bezeichnet.

Ob es sich um einen Superlativ im eigentlichen Sinne oder einen Elativ handelt, musst du aus dem Zusammenhang entscheiden.

Equus celerrimus est. – Das Pferd ist am schnellsten / das schnellste *(Superlativ) oder* äußerst schnell / blitzschnell *(Elativ).*

Lingua Latina facillima est. – Die lateinische Sprache ist die leichteste / am leichtesten *(Superlativ) oder* überaus leicht / kinderleicht *(Elativ).*

ÜBUNG 1 **Suche die Komparative heraus und unterstreiche sie.**

clarius – filius – pulchriori – puellarum – stultiorem – miserioribus – totius – vestigium – altiorum – gladius – egregius – feliciores – victores

ÜBUNG 2 **Bilde von der jeweils vorhergehenden Form die als nächstes geforderte und schreibe sie in die Lücken der Wortkette.**

gravis Nom. Sg. m	Akk.	Komparativ	Pl.
n	Abl.	Sg.	Nom.
f	Gen.	Pl.	Dat.

ÜBUNG 3 **Bilde die in den Klammern stehende Form. Setze dabei das Adjektiv in den Komparativ.**

gladiator fortis: (Akk. Sg.)

amica fidelis: (Abl. Sg.)

servus miser: (Gen. Pl.)

turris alta: (Nom. Pl.)

poeta clarus: (Abl. Pl.)

WISSEN +

Unregelmäßige Steigerung
Einige Adjektive bilden den Komparativ und den Superlativ von unterschiedlichen Stämmen. Diese unregelmäßigen Formen lernst du am besten auswendig.

Positiv	*Komparativ*	*Superlativ*
bonus	melior, melius	optimus, -a, -um
gut	besser	der beste
malus	peior, peius	pessimus, -a, -um
schlecht	schlechter	der schlechteste
parvus	minor, minus	minimus, -a, -um
klein	kleiner	der kleinste
magnus	maior, maius	maximus, -a, -um
groß	größer	der größte
multi	plures, plura	plurimi, -ae, -a
viele	mehrere	die meisten

ÜBUNG 4 **Bilde die passenden Komparative. Übersetze die Sätze in deinem Übungsheft.**

Domus istius senatoris ______ (magnus) est quam domus illius.

Iste liber ______ (malus) est quam ille.

Ista turris ______ (parvus) illā est.

Vinum ______ (bonus) aquā est.

Pater meus ______ (prudens) est quam tuus.

Iste equus ______ (celer) est quam ille.

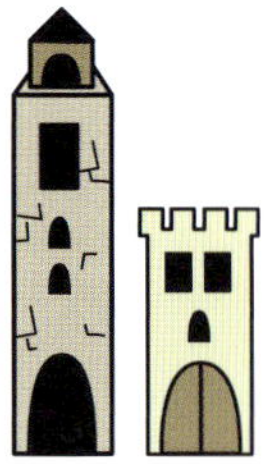

ÜBUNG 5 **Bestimme die Superlativformen und ergänze den Positiv samt Bedeutung.**

longissimae: Gen. / Dat. Sg. f., Nom. Pl. f. → longus, -a, -um – lang

facillimis: ______ → ______

pulcherrimo: ______ → ______

maximi: ______ → ______

pessimos: ______ → ______

ÜBUNG 6 **Elativ oder Superlativ? Übersetze entsprechend.**

Gaius felicissimus omnium puerorum est. (→ ______)

______

Claudius amicus fidelissimus est. (→ ______)

______

Villa avi antiquissima est. (→ ______)

______

Marcia maxima natu sororum mearum est. (→ ______)

______

Templum Cereris minimum omnium templorum in foro est. (→ ______)

______

■ *Vokabeln:* antiquus, -a, -um – alt, maximus, -a, -um natu – ältester

2.2 Adverbien

Bildung der Adverbien

Die größte Gruppe der Adverbien im Lateinischen sind Adverbien der Art und Weise. Sie bestimmen – im Gegensatz zu Adjektiven, die eine nähere Bestimmung des Substantivs sind – das Prädikat näher: Auf welche Weise geschieht etwas?

Equus **celer** est. – Das Pferd ist schnell *(Wie ist das Pferd? → Adjektiv)*.
Equus **celeriter** currit. – Das Pferd läuft schnell *(Wie läuft es? → Adverb)*.

Gebildet werden sie wie folgt:

- An den Stamm der Adjektive (ohne Genitivendung) der ā- / o-Deklination wird die Endung *-ē* gehängt.
- An die Wörter der 3. Deklination wird *-iter* gefügt.
- Bei den Adjektiven auf *-āns / -ēns* lautet die Adverbendung *-er*.

Adjektiv	*Stamm*	*Adverb*
iustus	iust-	iust**ē** – gerecht
celer	celer-	celer**iter** – schnell
felix	felic-	felic**iter** – glücklich
prudens	prudent-	pruden**ter** – klug
constans	constant-	constan**ter** – beständig

Alle Adverbien sind unveränderlich.

Achtung: Einige Adverbien werden unregelmäßig gebildet. Diese Sonderformen musst du auswendig lernen.

bonus – gut → **bene**
malus – schlecht → **male**
audax – kühn → **audacter**
facilis – leicht → **facile**
difficile – schwer → **difficulter**

Steigerung der Adverbien

Die Steigerung des Adverbs ist ganz einfach: Der Komparativ wird mit der Endung des Nominativs Singular Neutrum *-ius* gebildet, für den Superlativ wird je nach Adjektivart (↑ Kap. 2.1) *-issimē*, *-limē* oder *-rimē* angehängt.

Adverb	*Komparativ*	*Superlativ*
iuste	iust**ius**	iust**issimē**
gerecht	gerechter	am gerechtesten
facilis	facil**ius**	facil**limē**
leicht	leichter	am leichtesten
celer	celer**ius**	celer**rimē**
schnell	schneller	am schnellsten

Beachte: Einige Adverbien haben unregelmäßige Steigerungsformen, die du dir aber von den – ebenfalls unregelmäßigen – Steigerungsformen des Adjektivs (↑ Kap. 2.1) herleiten kannst.

Adverb	*Komparativ*	*Superlativ*
bene	melius	optimē
gut	besser	am besten
male	peius	pessimē
schlecht	schlechter	am schlechtesten

ÜBUNG 7 **Unterstreiche die Adverbien in der folgenden Wortliste.**

clare – clamore – vehementer – misere – rege – recte – die – cive – fortiter – fide – infeliciter – altiore

ÜBUNG 8 **Bilde das Adverb der folgenden Adjektive.**

pulcher:		altus:	
sapiens:		brevis:	
bonus:		fidelis:	
malus:		celer:	

WISSEN +

Weitere Adverbien
Neben den Adverbien, die wie beschrieben gebildet werden, gibt es auch noch einige andere Adverbien der Art und Weise. Ein paar kennst du sicherlich schon, ebenso Adverbien des Ortes („wo", „woher", „wohin") und der Zeit („wann").

Adverbien der Art und Weise:
multum – viel, ita – so

Adverbien des Ortes:
hic – hier, ubique – überall

Adverbien der Zeit:
hodie – heute, saepe – oft

ÜBUNG 9 **Um welche Adverbien handelt es sich? Ordne zu und schlage die Wörter nach, die du nicht kennst.**

paulum - subito - multum - interdum - postea - undique - hinc - cito - diu - eo - certe - ibi

Art und Weise	Ort	Zeit

ÜBEN

ÜBUNG 10 **Bilde den Komparativ und Superlativ der angegebenen Adverbien.**

	Komparativ	**Superlativ**
breviter	brevius	
male		
pulchre		
alte		
bene		
sapienter		
fideliter		

ÜBUNG 11 **Was passt zusammen? Ordne jedem Adverb ein Verb zu und übersetze die Ausdrücke in deinem Übungsheft.**

ÜBUNG 12 **Adjektiv oder Adverb? Streiche die falsche Form durch und übersetze den Satz.**

Silvana agit prudentior / prudentius quam Claudia.

Senatores celerrimi / celerrime in curiam cucurrerunt.

Milites Romani fortiores / fortius sunt quam milites Gallorum.

Iste iudex semper iustissimus / iustissime erat.

Inimici audacissimi / audacissime pugnaverunt.

Klassenarbeit 1

45 Minuten

AUFGABE 1 **Ergänze die fehlenden Formen in der Tabelle.**

Positiv	Komparativ	Superlativ
	melior, melius	
sapienter		
		difficillimus, -a, -um
pulcher, -chra, -chrum		
		miserrime

AUFGABE 2 **Kombiniere die Substantive mit den passenden Adjektiven im Superlativ. Übersetze die Ausdrücke in deinem Übungsheft.**

magistros
gladiatorum
servus
homines
amicis
patrono

optimo
miserrimus
fidelissimis
felicissimi
severissimos
fortissimorum

Vokabeln: severus, -a, -um – streng

AUFGABE 3 **Adjektiv, Adverb oder beides? Ordne zu.**

cupidi – ibi – gravius – stultissime – acriora – minoribus – melius – fortiter – beatius

Adjektiv	Adverb	Adjektiv und Adverb

TESTEN

AUFGABE 4 **Bilde von den Adjektiven in Klammern den Komparativ. Achte dabei auf Kasus, Numerus und Genus.**

Valerius ______ (felix) est Marco.

Credo nullam puellam ______ (pulcher) esse quam amicam meam.

Templum Iovis ______ (magnus) est templo Vestae.

Non est poeta ______ (clarus) Publio Virgilio.

Servi interdum vitam ______ (miser) egerunt quam canes.

AUFGABE 5 **Publius berichtet begeistert von seinem Besuch in Rom. Setze die Adjektive in Klammern in die richtige Form des Elativs. Übersetze anschließend in deinem Übungsheft.**

Romae vidi aedes ______ (pulcher),

templa ______ (magnus),

vias ______ (longus),

gladiatores ______ (clarus),

ludos ______ (bonus),

arcus ______ (altus).

AUFGABE 6 **Setze das jeweils passende Adverb ein und übersetze die Sätze in deinem Übungsheft.**

undique – prudentius – diu – saepe – optime

Romae nobilitas ______ vixit; plebs servique autem ______ vitam infelicissimam egerunt.

Cornelia ______ agit quam Publius.

Quintus cum fratre ______ ludit.

Multi homines ______ in forum Romanum cucurrerunt.

■ *Vokabeln:* nobilitas, -atis *f* – Adel

Klassenarbeit 2

45 Minuten

AUFGABE 7 Trage die Formen des Komparativs aus dem Wortspeicher im Deklinationsschema ein. Lege für die Pluralformen ein entsprechendes Schema in deinem Übungsheft an. Achtung: Manche Formen kannst du mehrfach eintragen.

longiores – ~~maior~~ – clarioribus – laetioris – beatius – utiliori – peiorum – minorem – crudeliore – meliora

Sg.	m / f	n
Nom.	maior	
Gen.		
Dat.		
Akk.		
Abl.		

AUFGABE 8 Nenne den Adjektivstamm der folgenden Adjektive und bilde jeweils den Komparativ im Nominativ Singular.

Positiv	Adjektivstamm	Komparativ
certus		
velox		
dignus		
sapiens		
celer		
miser		

AUFGABE 9 Setze die Adjektive der folgenden Ausdrücke in den Superlativ. Übersetze sowohl als Superlativ als auch als Elativ. Schreibe in dein Übungsheft.

clamor laetus – milites fortes – domos altas – incolarum multorum – oratores boni – cani parvo – puella felix

TESTEN

AUFGABE 10 **Bilde von dem Adjektiv in Klammern das Adverb und übersetze die Sätze.**

Gaius a magistro laudatur, quia rem ______ (bonus) fecit.

Servae ______ (velox) currunt cibosque convivis apportant.

Pecunia Lucio semper deest. Itaque ei ______ (parcus) vivendum est.

Ille consul rem publicam ______ (prudens) gessit.

■ *Vokabeln:* parcus, -a, -um – sparsam

AUFGABE 11 **Übersetze die folgenden Sätze. Bestimme die Form des Komparativs bzw. Superlativs.**

Haec via longior est quam illa.

Consilium tuum utilissimum erat.

Marcus divitior est Lucio.

Carmina illius poetae clariora sunt.

Ludi nobis minime placuerunt.

Ille poeta maximis honoribus afficitur.

Plurimi gladiatores fortius cum bestiis pugnaverunt.

3 Die Pronomina

3.1 Das Demonstrativpronomen

Demonstrativpronomina oder hinweisende Fürwörter *(demonstrare – zeigen)* verweisen oder zeigen auf etwas.
Das Lateinische verfügt über mehrere Demonstrativpronomina, die unterschiedlich – meist abhängig von der Entfernung zum Sprecher – verwendet werden.
Meist können sie sowohl alleine – anstelle eines Substantivs / Nomens („Pro-nomen") – stehen (substantivische Verwendung) als auch ein Substantiv begleiten (adjektivische Verwendung).

..." Mit **diesen** Worten beendete er seine Rede. → *rückverweisend*
Er begann mit **diesen** (folgenden) Worten: „... → *vorausweisend*

Dies ist eine gute Idee. → *substantivisch*
Diese Idee ist gut. → *adjektivisch*

Das Demonstrativpronomen *hic, haec, hoc – dieser, diese, dieses* bezeichnet etwas, das dem Sprecher räumlich oder zeitlich nahe ist. Es heißt deswegen auch **Demonstrativpronomen der 1. Person.**

hic vir – dieser Mann (hier)
haec domus – dieses Haus (hier)
hoc flumen – dieser Fluss (hier)
hoc tempore – zu dieser Zeit (heute)
haec tempora – die heutigen Zeiten
his verbis – mit diesen Worten

Die Formen lauten:

Sg.	m	f	n
Nom.	***hic***	***haec***	***hoc***
Gen.	***huius***	***huius***	***huius***
Dat.	***huic***	***huic***	***huic***
Akk.	***hunc***	***hanc***	***hoc***
Abl.	***hōc***	***hāc***	***hōc***

Pl.	m	f	n
Nom.	***hī***	***hae***	***haec***
Gen.	***hōrum***	***hārum***	***hōrum***
Dat.	***hīs***	***hīs***	***hīs***
Akk.	***hōs***	***hās***	***haec***
Abl.	***hīs***	***hīs***	***hīs***

Beachte: Alle Demonstrativpronomen richten sich (anders als im Deutschen) in Kasus, Numerus und Genus immer nach dem Bezugswort **(Kongruenz).**

Haec est domus mea. – **Das hier** ist mein Haus.

Hae sunt arma eius. – **Das hier** sind seine Waffen.

WISSEN

Auf vom Sprecher räumlich oder zeitlich Entferntes verweist *ille, illa, illud – das dort / jenes* **(Demonstrativpronomen der 3. Person).**

Die Formen lauten:

Sg.	m	f	n
Nom.	*ille*	*illa*	*illud*
Gen.	*illīus*	*illīus*	*illīus*
Dat.	*illī*	*illī*	*illī*
Akk.	*illum*	*illam*	*illud*
Abl.	*illō*	*illā*	*illō*

Pl.	m	f	n
Nom.	*illī*	*illae*	*illa*
Gen.	*illōrum*	*illārum*	*illōrum*
Dat.	*illīs*	*illīs*	*illīs*
Akk.	*illōs*	*illās*	*illa*
Abl.	*illīs*	*illīs*	*illīs*

ille vir – der Mann dort / jener Mann
illa domus – das Haus dort drüben / jenes Haus
illud carmen – jenes Gedicht
illa tempora – jene Zeiten, damals
ex illo tempore – seitdem

Illa est domus mea. – **Das dort** ist mein Haus.

Beachte: Mit diesem Pronomen wird oft auch etwas Berühmtes und allgemein Bekanntes bezeichnet.

ille Socrates – jener (berühmte) Sokrates
illud Ciceronis – jener (bekannte Ausspruch) Ciceros

Iste, ista, istud – dieser, diese, dieses (da) bezeichnet etwas, das dem Angesprochenen nahe ist **(Demonstrativpronomen der 2. Person).** Es hat oft einen verächtlichen Beigeschmack und wird wie *ille, illa, illud* dekliniert.

iste liber – dein Buch da
iste vir – dieser (schlechte) Mann da

Ista quidem vis est! – **Das** ist ja Gewalt!

Mit *is, ea, id – dieser, diese, dieses* wird auf bereits Genanntes oder auf Folgendes verwiesen. Die Entfernung zum Sprecher ist hier unwichtig.

is homo – dieser Mensch
ea fama – diese Kunde
id flumen – dieser Fluss

ob eam causam – aus diesem Grund
ea de re – deshalb
id est – das heißt

Die Formen lauten:

Sg.	m	f	n
Nom.	*is*	*ea*	*id*
Gen.	*eius*	*eius*	*eius*
Dat.	*eī*	*eī*	*eī*
Akk.	*eum*	*eam*	*id*
Abl.	*eō*	*eā*	*eō*

Sg.	m	f	n
Nom.	*eī (iī)*	*eae*	*ea*
Gen.	*eōrum*	*eārum*	*eōrum*
Dat.	*eīs (iīs)*	*eīs (iīs)*	*eīs (iīs)*
Akk.	*eōs*	*eās*	*ea*
Abl.	*eīs (iīs)*	*eīs (iīs)*	*eīs (iīs)*

ÜBUNG 1 Ergänze die fehlenden Singularformen von *iste*. Schreibe den Plural in dein Übungsheft.

Sg.	m	f	n
Nom.	iste		
Gen.			
Dat.			
Akk.		istam	
Abl.			

ÜBUNG 2 Welches Pronomen passt zu welchem Substantiv? Verbinde.

ÜBUNG 3 Ergänze die passenden Formen von *hic, haec, hoc*. Achtung: Manchmal gibt es mehrere Möglichkeiten!

	aedificium		verbi
	loco		epistulae
	dominum		gentes
	liberorum		villam
	arboribus		dona

ÜBEN

ÜBUNG 4 **Vertausche die Formen von *hic, haec, hoc* aus Übung 3 mit denen von *is, ea, id*. Schreibe die Ausdrücke ganz auf.**

id aedificium,

ÜBUNG 5 ***Hic, haec, hoc* oder *ille, illa, illud*? Ergänze die Beschreibung von Claudius, der einem Freund das Forum Romanum zeigt.**

_____ est templum Minervae, _____ est templum Iovis. Columnae _____ templi parvae sunt, ante _____ templum ara magna est. Hodie pauci homines _____ deam colunt, multi autem _____ deum adorant.

■ *Vokabeln:* columna, -ae *f* – Säule, adorare – anbeten, beten zu

WISSEN +

Weitere Verwendungsmöglichkeiten von *is, ea, id*

Häufig ersetzt *is, ea, id* (in allen Fällen außer dem Nominativ) das nicht reflexive Personalpronomen der 3. Person. Im Genitiv Singular und Plural steht es auch für das nicht reflexive Possessivpronomen der 3. Person.

Claudius magna cum diligentia studet. Itaque magister **eum** laudat. – Claudius lernt mit großem Fleiß. Der Lehrer lobt **ihn** deswegen.
Marcus amicum **eius** videt. – Marcus sieht **seinen** (= dessen) Freund.
Aber: Marcus amicum **suum** videt. – Marcus sieht **seinen** (eigenen) Freund.

ÜBEN

ÜBUNG 6 **Ersetze die Substantive in Klammern mit einer Form von *is, ea, id* im richtigen Kasus. Achte auf die Kongruenz! Übersetze in deinem Übungsheft.**

Titus Publium in foro vidit; statim ________ (Publium) et amicam eius ad cenam invitavit.

Mater mea non valet. ________ (matri) epistulam scribere debeo.

Lucius et Cornelia cum patre in Circo Maximo sunt. At ludi ________ (Lucium et Corneliam) non delectant.

Quintus et Sextus gaudent, nam avus ________ (Quinto et Sexto) fabulam narrat.

ÜBUNG 7 **Reflexiv oder nicht reflexiv? Setze die passenden Formen von *suus, -a, -um* bzw. *is, ea, id* ein.**

Gaius amicum ________ (seinen) Marcum visitat. Etiam amicus ________ (von Marcus) adest.

Servi clamant. Mater clamores ________ (der Sklaven) audit.

Claudius saepe ruri versatur. Nam ibi villa avi ________ (von Claudius) est.

Tullius tabulam ________ (seine eigene) quaesivit. Tum Cornelia tabulam ________ (von Tullius) invenit. Itaque magister ________ (von Tullius und Cornelia) Tullium non vituperavit.

■ *Vokabeln:* versari – sich aufhalten, vituperare – tadeln

ÜBUNG 8 **Markiere das passende Pronomen. Übersetze die Sätze in deinem Übungsheft.**

ACHTUNG FEHLER

Hodie audivi orationem illius / istius Ciceronis.
Pater tibi epistulam mandavit. Quando ei / huic respondebis?
Lucium et Claudiam vidi. Ille / Hic est senator, illa / haec uxor eius / sua.
Illis / His temporibus homines deos timuerunt, hoc / isto tempore pauci eos / istos colunt.
Iste / Is multa scelera commisit!

ÜBEN

3.2 Das Indefinitpronomen

Indefinitpronomina werden verwendet, wenn jemand oder etwas nicht genauer bestimmt werden kann oder soll. Dann steht ***aliquis*** – *irgendjemand* und ***aliquid*** – *irgendetwas*. In dieser Form wird es **substantivisch** verwendet. Hänge an *ali-* die Formen des Interrogativpronomens *quis? – wer?* bzw. *quid? – was?* an:

	m / f	n
Nom.	***aliquis***	***aliquid***
Gen.	***alicuius***	***alicuius reī***
Dat.	***alicui***	***alicui reī***
Akk.	***aliquem***	***aliquid***
Abl.	***aliquō***	***aliquā rē***

Aliquis te vocat. – (Irgend-)Jemand ruft dich. *(Ich weiß aber nicht, wer es ist.)*
Video **aliquem** venire. – Ich sehe jemanden kommen. *(Bekannt oder unbekannt ist unklar.)*
De **aliqua re** disputavimus. – Wir haben über irgendetwas diskutiert. *(Aber ich erinnere mich nicht mehr so genau.)*

In **adjektivischer** Verwendung wird an *ali-* das Relativpronomen (außer Nom. Sg. f *aliqua*, Nom. / Akk. Pl. n *aliqua*) gehängt: *aliqui, aliqua, aliquod – irgendein.*

Visitavi **aliqua** templa. – Ich habe irgendwelche Tempel besichtigt.
Tacete! Audio **aliquem** sonum. – Schweigt! Ich höre (irgend-)einen Laut.

Merke: Nach *si, nisi, ne* und *num* fällt das Wörtchen *ali-* um. Es steht dann nur noch *quis, quid* bzw. *qui, qua, quod.*

Si **quis** hoc dicit, errat. – Wenn jemand das behauptet, irrt er.

Quidam, quaedam, quoddam – *ein gewisser, irgendein* bezeichnet eine Person / Sache, die man nur andeuten will. Es wird in adjektivischer Verwendung wie das Relativpronomen + *-dam* dekliniert, außer Akk. Sg. m *quendam*, f *quandam* und Gen. Pl. m / n *quōrundam*, f *quārundam*. Substantivisch verwendete Formen (außer Nom. / Akk. Sg. n *quiddam*) sind identisch.

Orator **quidam** hoc dixit. – Ein (gewisser) Redner hat das gesagt.
Quodam die Romae fui. – An einem bestimmten Tag bin ich in Rom gewesen.

Quidam senatorum me salutavit. – Ein gewisser Senator / Einer der Senatoren hat mich gegrüßt.
Quidam dicunt ... – Manche sagen ...

Nemo – *niemand* und ***nihil*** – *nichts* werden substantivisch gebraucht.

	m / f	n
Nom.	***nēmō***	***nihil***
Gen.	***nūllīus***	***nūllīus reī***
Dat.	***nēminī***	***nūllī reī***
Akk.	***nēminem***	***nihil***
Abl.	***ā nūllō***	***nūllā rē***

Quid fecisti? – **Nihil.** – Was hast du getan? – Nichts.
Hercules **neminem** timuit. – Herkules fürchtete niemanden.
Nemo nisi Iuppiter maximus deorum est. – **Niemand außer** Jupiter ist der höchste Gott.

Das adjektivisch verwendete ***nullus, -a, -um*** geht nach der ā- / o-Deklination, außer in Gen. / Dat. Sg. m / f / n: *nullīus* bzw. *nullī.*

Vicinus noster **nulli** homini confidit. – Unser Nachbar vertraut keinem Menschen.

ÜBUNG 9 **Dekliniere die folgenden Ausdrücke. Schreibe in dein Übungsheft.**

1. aliqui vir
2. aliqua fabula
3. aliquod animal

ÜBUNG 10 **Welche Formen gehören zu *quidam, quaedam, quoddam?* Zeichne eine Deklinationstabelle in dein Übungsheft, trage diese Formen ein und ergänze die fehlenden Kasus. Was sind keine Formen von *quidam?***

quorundam – quosdam – quondam – quandam – quaedam – quia – quinam – quodlibet – quendam – cuiusdam – quidem – quadam – quisque – quibusdam

ÜBUNG 11 **Bilde zu den folgenden Substantiven die passenden Formen von *aliqui, aliqua, aliquod.* Achtung: Manchmal gibt es mehrere Lösungen!**

______	libri	______	statuam
______	hominum	______	agricolā
______	servos	______	arcibus
______	templum	______	duci
______	provinciae	______	dona

ÜBUNG 12 **Setze die passende Form ein und übersetze in deinem Übungsheft.**

quandam – quendam – cuiusdam – quidam – quibusdam

De ______ rebus disputavimus.

Quid facis? – Versus ______ poetae lego.

Gaius semper fabulam ______ audire vult.

Vidimus in foro ______ senatorem.

______ dicunt Ciceronem optimum oratorem fuisse.

■ *Vokabeln:* versus, -us *m* – Vers, orator, -oris *m* – Redner

ÜBUNG 13 **Übersetze die folgenden Sätze in deinem Übungsheft.**

1. Nuntius nihil boni nuntiavit.
2. Fidem nullam habeo.
3. Nocte neminem in urbe vidimus.
4. Lingua Latina a nullo timetur.
5. Tullius nemini nisi amico optimo confidit.
6. Publius nullam rem magis timet quam canes.

WISSEN +

Pronominaladjektive
Zur Gruppe der Pronominaladjektive gehören neben *nullus, -a, -um – kein, keine, kein* auch einige andere Adjektive. Sie bilden ihre Formen ebenfalls nach der ā- / o-Deklination, mit Ausnahme des Gen. Sg. m / f / n *-īus* und des Dat. Sg. m / f / n *-ī*.

Alius bildet den Gen. und Dat. Sg. unregelmäßig: *alterīus* bzw. *alterī*.

unus, -a, -um – einer
solus, -a, -um – allein
totus, -a, -um – ganz
ullus, -a, -um – irgendein
uter, -tra, -trum – welcher (von beiden)
alter, -era, -erum – der eine, der andere (von beiden)
neuter, -tra, -trum – keiner (von beiden)
uterque, utraque, utrumque – jeder (von beiden)
alius, alia, aliud – ein anderer

ÜBUNG 14 **Bilde von den Pronominaladjektiven in Klammern die passende Form.**

Quidam imperator ______ (totus) urbi perniciei fuit.

______ (uter) consilium tibi placet? – ______ (neuter).

______ (alter) senator eruditissimus erat, ______ (alter) senatoris domus maxima erat.

______ (alius) laborare non debent, ______ (alius) semper laborant.

ÜBUNG 15 **Ergänze das Wörtchen *ali-*, wo nötig. Übersetze in deinem Übungsheft.**

Si ______ quis venit, Publius laetus est.

Audio ______ quem venire. Num ______ qui inimicus est?

Timeo, ne ______ quid arrogantius dicat.

Klassenarbeit 1

45 Minuten

AUFGABE 1 **Verbinde die Substantive mit den passenden Demonstrativpronomina.**

eorum	magistratibus
iis	aedis
illam	negotium
istos	viros
illi	arbori
illud	imperatore
hōc	epistulam
huius	liberorum

AUFGABE 2 **Ergänze die richtigen Formen von *quidam, quaedam, quoddam* bei folgenden Substantiven. Setze dann den ganzen Ausdruck in den Singular bzw. Plural.**

mercem	quandam	→	merces quasdam
modo		→	
adulescens		→	
diem		→	
duci		→	
poetarum		→	

AUFGABE 3 **Setze das passende Pronomen ein. Übersetze den Text in deinem Übungsheft.**

ea · istius · quidam · is · illius

Erat Verres ________, senator Romanus. ________ a Cicerone accusatus est. Cicero timuit, ne ________ res sibi odium afferret apud amicos ________ hominis scelesti. Tamen de sceleribus ________ orationem habuit.

AUFGABE 4 **Bilde die richtige Form der Pronominaladjektive in Klammern. Achte auf Kasus, Numerus und Genus! Übersetze in deinem Übungsheft.**

sine ______ (ullus) spe

sermones ______ (uterque) linguae

______ (solus) spes rei publicae

deus ______ (totus) caeli

officium ______ (alius) consulis

AUFGABE 5 **Ergänze die passende Form von *(ali-)qui, -qua, -quod* bzw. *(ali-)quis, -quid*. Achte auf die kleinen Wörtchen!**

Galli deos ______ colunt.

Nonne ______ ex vobis mihi aderit?

Narra, si ______ vidisti.

Plinius librum de ______ re scripsit.

Romani timent, ne ______ inimici Romam aggrediantur.

■ *Vokabeln:* aggredi – angreifen

AUFGABE 6 **Übersetze die Sätze. Überlege dann, ob die roten Wörter substantivisch oder adjektivisch gebraucht werden.**

Philosophus nulla re terretur. →

Publius tristis est, nam nemo amicorum venit. →

Nemini credidi. →

Nullam pecuniam habeo. →

Klassenarbeit 2

45 Minuten

AUFGABE 7 **Bilde Paare aus Demonstrativpronomen und Substantiv. Achte auf die Kongruenz.**

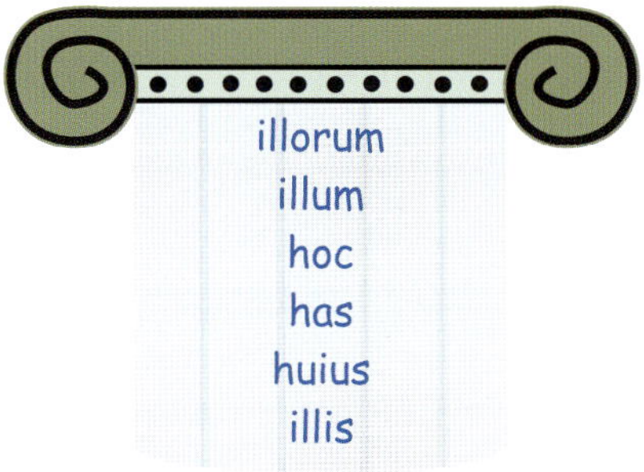

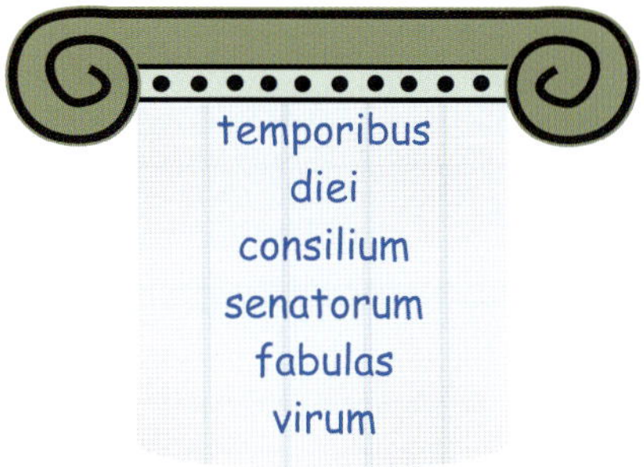

AUFGABE 8 **Setze die Substantive in die passende lateinische Form. Ersetze dann die Formen von *hic, haec, hoc* durch die von *ille, illa, illud*.**

huic ______ (Konsul) → ______

hae ______ (Schiff) → ______

hunc ______ (Hund) → ______

his ______ (Tempel) → ______

haec ______ (Verbrechen) → ______

huius ______ (Kaufmann) → ______

AUFGABE 9 **Bilde die jeweils angegebene Form von *quidam, quaedam, quoddam* bzw. *aliqui, aliqua, aliquod*.**

1. **quidam** (Nom. Sg.) → ______ (Akk.) → ______ (n)
→ ______ (Abl.) → ______ (f)
→ ______ (Pl.) → ______ (Gen.)
→ ______ (m) → ______ (Akk.)
2. **aliqui** (Nom. Sg.) → ______ (Dat.) → ______ (Akk.)
→ ______ (f) → ______ (Pl.)
→ ______ (n) → ______ (Gen.)
→ ______ (Sg.)

AUFGABE 10 **Ersetze die Substantive in Klammern durch Formen von *is, ea, id*. Übersetze beide Versionen der Sätze in deinem Übungsheft.**

Gladiator ______ (bestias) non timet.

Ubi est ______ (Marcus)?

______ (senatores) curiam intrant.

Quintus cum ______ (fratre) ludit.

AUFGABE 11 **Setze das passende Indefinitpronomen ein. Übersetze.**

quod – aliqui – quidam – quodam

Quis Verrem praetorem appellavit? Magistratus ______ ? Minime.

______

______ die Romam perveni.

______

Philosophus ______ hoc dixit.

______

Num ______ officium illo maius est?

______

AUFGABE 12 **Übersetze die folgenden Sätze. Bestimme die Formen der verwendeten Pronominaladjektive.**

Aliis consilium, aliis animus, sed voluntas pugnandi nemini defuit.

______

Sapientem nullius rei paenitet.

______

Dictae sunt sententiae, quarum neutram probo.

______

Lucius nullum servum habet.

______

4 Tempusformen des Verbs

4.1 Wiederholung der wichtigsten Zeiten

Die Verben werden nach dem Stammauslaut (der Laut, auf den der Präsensstamm endet = Infinitiv Präsens ohne *-re*) in fünf **Konjugationsgruppen** eingeteilt:

- ā-Konjugation
- ē-Konjugation
- ī-Konjugation
- konsonantische Konjugation
- kurz-i- oder gemischte Konjugation (denn manche Formen ähneln der konsonantischen, manche der ī-Konjugation)

Inf. Präs.	*Präs.-Stamm*	*Konjugation*
laudāre	laud**ā-**	*ā-Konj.*
iubēre	iub**ē-**	*ē-Konj.*
audīre	aud**ī-**	*ī-Konj.*
quaerere	quae**r-**	*kons. Konj*
capere	ca**p(i)-**	*gem. Konj.*

Merke: Zu welcher Konjugation die Verben auf *-ere* gehören, musst du jeweils lernen!

Für das **Präsens** werden diese Personalendungen an den Präsensstamm gehängt:

	Sg.	Pl.
1. Ps.	*-ō*	***-mus***
2. Ps.	*-s*	***-tis***
3. Ps.	*-t*	***-nt***

laudas – du lobst
iubet – er / sie / es befiehlt
audimus – wir hören
quaero – ich suche
capitis – ihr ergreift

In der ā-Konjugation verschmilzt der Stammauslaut *-ā-* mit der Endung der 1. Person Singular zu *-ō.* Die konsonantische Konjugation fügt zwischen Stamm und Endung Bindevokale ein: *-i-* und *-u-*. Die ī- und gemischte Konjugation fügen *-u-* vor *-nt* ein.

laud**o** – ich lobe
am**o** – ich liebe
quaer**i**s – du suchst
reg**u**nt – sie lenken
audi**u**nt – sie hören
capi**u**nt – sie ergreifen

Mit dem Präsens wird eine gegenwärtige Handlung beschrieben.

Senator in urbem currit. – Der Senator eilt (gerade eben) in die Stadt.

Die Formen des **Imperfekts** bilden sich so: Präsensstamm + Tempuszeichen *-ba-* + Personalendungen wie im Präsens (Ausnahme: 1. Person Singular: *-m*).

ama**bam** – ich liebte
iube**bamus** – wir befahlen

In der ī-, der konsonantischen und der gemischten Konjugation wird zwischen Stamm und *-ba-* ein zusätzliches *-ē-* eingefügt.

quaer**ebant** – sie suchten
audi**ebas** – du hörtest
capi**ebat** – er / sie / es ergriff

WISSEN

Für die Bildung des **Perfekts** benötigt man den Perfektstamm. Dieser wird auf unterschiedliche Weise gebildet:

*laudāre → **laudāv-** → v-Perfekt*
*monēre → **monu-** → u-Perfekt*
*legere → **lēg-** → Dehnungsperfekt*
*capere → **cēp-** → Ablautperfekt*
*currere → **cucurr-** → Reduplikationsperfekt*
*scrībere → **scrīps-** → s-Perfekt*
*dēfendere → **dēfend-** → Stammperfekt*

laudav**i** – ich habe gelobt
monu**isti** – du hast ermahnt
leg**it** – er / sie / es hat gelesen
cep**imus** – wir haben ergriffen
cucurr**istis** – ihr seid gelaufen
scrips**erunt** – sie haben geschrieben
defend**isse** – verteidigt haben

Daran werden folgende Personalendungen gehängt:

	Sg.	Pl.
1. Ps.	***-ī***	***-imus***
2. Ps.	***-istī***	***-istis***
3. Ps.	***-it***	***-ērunt***

Infinitiv Perfekt: ***-īsse***

Tipp: Da die Perfektstämme meist nicht anhand der Konjugationsgruppe erschlossen werden können, solltest du sie mit den Stammformen auswendig lernen.

Inf. Präs.	*1. Ps. Sg. Präs.*	*1. Ps. Sg. Perf.*	
laudare	laudo	laudavi	– loben
capere	capio	cepi	– ergreifen
scribere	scribo	scripsi	– schreiben
audire	audio	audivi	– hören

Das **Plusquamperfekt** wird ebenfalls vom Perfektstamm gebildet. Hinzu kommen *-era-* sowie die Personalendungen, die du vom Präsens bzw. Imperfekt kennst, insgesamt also:

	Sg.	Pl.
1. Ps.	***-eram***	***-erāmus***
2. Ps.	***-erās***	***-erātis***
3. Ps.	***-erat***	***-erant***

laudav**eram** – ich hatte gelobt
monu**eras** – du hattest ermahnt
leg**erat** – er / sie / es hatte gelesen
cep**eramus** – wir hatten ergriffen
cucurr**eratis** – ihr wart gelaufen
scrips**erant** – sie hatten geschrieben

Mit dem Plusquamperfekt werden Handlungen beschrieben, die noch vor einer anderen Handlung in der Vergangenheit geschehen sind. Es drückt also die Vorvergangenheit aus.

Amicos **salutaveram.** Tum eos in hortum duxi. – Ich hatte die Freunde begrüßt. Dann führte ich sie in den Garten.

Achtung: Nach *postquam – nachdem* steht im Lateinischen das Perfekt, das du im Deutschen aber nach Vergangenheit im übergeordneten Satz mit dem Plusquamperfekt wiedergeben musst!

Postquam amicos salutavi, ... – Nachdem ich die Freunde begrüßt hatte, ...

ÜBUNG 1 Welche Verbform passt zu welchem Personalpronomen? Verbinde.

nos	dormitis
ego	canis
vos	capiunt
tu	fugio
ii	salutamus

ÜBUNG 2 Bilde wie bei *celebrare* die entsprechenden Präsensformen der Verben.

celebrare	mittere	aperire	ridere
celebras			
celebratis			
celebro			
celebrant			

ÜBUNG 3 Bestimme die folgenden Formen und übersetze sie.

accusatis:	2. Ps. Pl. Präs.	→	ihr klagt an
tradebam:		→	
terrent:		→	
orabat:		→	
dividebamus:		→	

WISSEN

Die Formen von *esse*
Erinnerst du dich? *Esse – sein* bildet im Präsens und Imperfekt unregelmäßige Formen:

Präsens	Sg.	Pl.	Imperfekt	Sg.	Pl.
1. Ps.	*sum*	*sumus*	1. Ps.	*eram*	*erāmus*
2. Ps.	*es*	*estis*	2. Ps.	*erās*	*erātis*
3. Ps.	*est*	*sunt*	3. Ps.	*erat*	*erant*

Perfekt und Plusquamperfekt werden vom Perfektstamm *fu-* gebildet: *fuī, fuistī, fuit, fuimus, fuistis, fuērunt* bzw. *fueram, fuerās, fuerat, fuerāmus, fuerātis, fuerant*.

ÜBUNG 4 **Bilde die entsprechende Form des in Klammern angegebenen Tempus.**

es:		(Imperfekt)	erant:		(Präsens)
fueram:		(Präsens)	fuistis:		(Imperfekt)
esse:		(Perfekt)	est:		(Plusquamperfekt)
sumus:		(Imperfekt)	fueras:		(Perfekt)

ÜBUNG 5 **Sortiere die Verbformen nach Person, Numerus und Tempus in die Tabelle ein. Ergänze dann die Formen für die fehlenden Zeiten.**

iit – agebamus – movebant – docuisti – fleveram – dixeratis

	Imperfekt	Perfekt	Plusquamperfekt
1. Ps. Sg.			
2. Ps. Sg.			
3. Ps. Sg.			
1. Ps. Pl.			
2. Ps. Pl.			
3. Ps. Pl.			

ÜBUNG 6 **Nenne Person, Art der Perfektbildung und den Infinitiv Präsens mit Bedeutung.**

appropinquavi:	1. Ps. Sg., v-Perfekt → appropinquare – sich nähern
venimus:	
risisti:	
aperuit:	
accendi:	
cecidistis:	
fecerunt:	

ÜBUNG 7 **Übersetze folgende Sätze. Schreibe in dein Übungsheft.**

Postquam te in foro spectavi, nomen tuum clamavi. Tu autem non audivisti.
Vix epistulam patris legeram, cum ipse venit.
Magister Publium laudavit, quia bene studuerat.
Tum tibi adfueram. Tamen me nunc deseruisti.

■ *Vokabeln:* deserere – im Stich lassen

WISSEN +

Der Unterschied zwischen Imperfekt und Perfekt
Mit dem **Imperfekt** werden Ereignisse der Vergangenheit beschrieben, die länger andauern (durativ) oder sich wiederholen (iterativ), z. B. Gewohnheiten. Es kann auch einen Versuch (konativ) ausdrücken.
Mit dem **Perfekt** hingegen werden einmalige oder solche Handlungen, deren Dauer unwichtig ist, dargestellt. Es wird für den Bericht historischer Ereignisse eingesetzt.

Beachte: Für die Übersetzung gilt, dass im Deutschen nicht automatisch Präteritum für ein lateinisches Imperfekt stehen muss, und auch kein Perfekt für Perfekt. Hier musst du nach Sprachgefühl entscheiden.

Convivae diu **manebant.** – Die Gäste sind lange geblieben. → *durativ*
Saepe Romam **ibam.** – Ich ging oft *(= immer wieder)* nach Rom / pflegte oft ... zu gehen → *iterativ*
Romani flumen **transibant.** – Die Römer versuchten, den Fluss zu überqueren. → *konativ*
Aliquos convivas ad cenam **invitavi.** – Ich habe einige Gäste zum Abendessen eingeladen. → *einmalig*
Veni, vidi, vici. – Ich kam, sah und siegte. → *Dauer unwichtig*
Romani Gallos **vicerunt.** – Die Römer besiegten die Gallier. → *historisches Ereignis, Dauer unwichtig*

ÜBUNG 8 **Imperfekt oder Perfekt? Unterstreiche die richtige Form und übersetze in deinem Übungsheft.**

ACHTUNG FEHLER

Aestate semper apud avum fui / eram. Cum eo diu ambulavi / ambulabam.

Convivae advenerunt / adveniebant et Publius eos salutavit / salutabat.

Ubi fuisti / eras? Iterum iterumque te vocavi / vocabam et ubique te quaesivi / quaerebam.

Romani omnium hostium victores fuerunt / erant, sed Hannibalem non statim vicerunt / vincebant.

■ *Vokabeln:* aestas, -atis *f* – Sommer

ÜBEN

4.2 Das Futur

Das Futur I

Zukünftige Geschehnisse werden mit dem Futur I ausgedrückt. In der ā- und ē-Konjugation werden an den Präsensstamm das Tempuszeichen *-bi-* und die Personalendungen, die du schon vom Präsens kennst, angehängt:

	Sg.	Pl.
1. Ps.	***-bō***	***-bimus***
2. Ps.	***-bis***	***-bitis***
3. Ps.	***-bit***	***-bunt***

Beachte: In der 1. Person Singular verschmilzt das Tempuszeichen mit der Endung zu *-bō* und in der 3. Person Plural lautet es *-bu-*.

In den anderen Konjugationen lautet das Futurzeichen *-e-* (außer in der 1. Person Singular: *-a-*); die Personalendungen sind identisch (außer in der 1. Person Singular: *-m*):

	Sg.	Pl.
1. Ps.	***-am***	***-ēmus***
2. Ps.	***-ēs***	***-ētis***
3. Ps.	***-et***	***-ent***

Zu den Passivformen ↑ Kap. 5.

Konjugation	*Präsensstamm*	*Futur I*
ā-Konj.	lauda-	laudabo laudabis laudabit laudabimus laudabitis laudabunt
ē-Konj.	mone-	monebo monebis monebit ...
ī-Konj.	audi-	audiam audies audiet audiemus audietis audient
kons. Konj.	reg-	regam reges reget ...
gem. Konj.	cap(i)-	capiam capies capiet ...

Achtung: Während wir im Deutschen oft für zukünftige Handlungen das Präsens benutzen, ist das Lateinische hier sehr exakt. Oft, v. a. im Nebensatz, kannst du ein lateinisches Futur I mit einem Präsens übersetzen.

Cras te **visitabo.** – Morgen werde ich dich besuchen / besuche ich dich.
Mox de ea re **ridebitis.** – Bald werdet ihr darüber lachen / lacht ihr darüber.

Das Verb *esse – sein* bildet im Futur I die folgenden unregelmäßigen Formen:

	Sg.	Pl.
1. Ps.	***erō***	***erimus***
2. Ps.	***eris***	***eritis***
3. Ps.	***erit***	***erunt***

Poeta clarus **eris.** – Du wirst ein berühmter Dichter sein.
Laeti **erimus.** – Wir werden froh sein.

Das Futur II

Das Futur II wird vom jeweiligen Perfektstamm (↑ Kap. 4.1) gebildet. Daran werden folgende Endungen angehängt:

	Sg.	Pl.
1. Ps.	***-erō***	***-erimus***
2. Ps.	***-eris***	***-eritis***
3. Ps.	***-erit***	***-erint***

Tipp: Die Futur-II-Endungen sind (außer in der 3. Person Plural) identisch mit dem Futur I von *esse.*

Inf. Präsens	*Perfektstamm*	*Futur II*
laudare	laudav-	laudavero
monere	monu-	monueris
scribere	scrips-	scripserit
capere	cep-	ceperimus
legere	leg-	legeritis
currere	cucurr-	cucurrerint
defendere	defend-	defenderint

Mit dem Ausdruck des Zeitverhältnisses zwischen zwei Handlungen bzw. Prädikaten ist das Lateinische sehr genau. Wenn also vor einer zukünftigen Handlung etwas geschieht, wird dies mit dem Futur II ausgedrückt; es ist vorzeitig zu Futur I.

Si hoc **feceris,** beatus ero. – Wenn du das tust (getan haben wirst), werde ich glücklich sein.

Nach den Konjunktionen *si / cum – wenn* und *simulac / ubi – sobald* steht Futur II, wenn im Hauptsatz Futur I steht.

Ubi domum **venero,** dormiam. – Sobald ich nach Hause komme, werde ich schlafen.

Tipp: Das Futur II im Deutschen klingt umständlich und wird selten gebraucht: „ich werde gelobt haben", „du wirst ermahnt haben". Übersetze deshalb mit Präsens oder Perfekt.

Das Verb *esse* bildet das Futur II regelmäßig vom Perfektstamm *fu-*.

fuero	fuerimus
fueris	fueritis
fuerit	fuerint

Der Infinitiv Futur Aktiv

Der Infinitiv Futur Aktiv wird aus dem Partizip Futur Aktiv (↑ Kap. 6.1) und *esse* gebildet: *laudātūrum, -am, -um esse – in Zukunft loben, monitūrum, -am, -um esse – in Zukunft mahnen.*
Im Plural lautet er *laudātūrōs, -ās, -a esse.*

Cornelia scit magistrum se **laudaturum esse.** – Cornelia weiß, dass der Lehrer sie loben wird.

Der Infinitiv Futur von *esse* lautet *futūrum, -am, -um esse.* Oft findest du stattdessen die unveränderliche Kurzform *fore.*

Mater se domi **fore (= futuram esse)** promisit. – Meine Mutter versprach, zu Hause zu sein / dass sie zu Hause sein werde.

WISSEN

ÜBUNG 9 **Bei welchen Formen handelt es sich um ein Futur I? Unterstreiche.**

accusabunt – faciam – appetimus – cogitabamus – vocabis – debebas – incipiet – ridebunt – neglegunt – manebimus – occupaverunt – poscetis – relinquunt – fuerunt

ÜBUNG 10 **Bilde Futur-I-Formen durch die passende Ergänzung.**

responde ___ s	ride ___ nt
vide ___ o	comprehend ___ tis
curr ___ m	audi ___ t
er ___ mus	bib ___ s
celebra ___ t	clama ___ mus

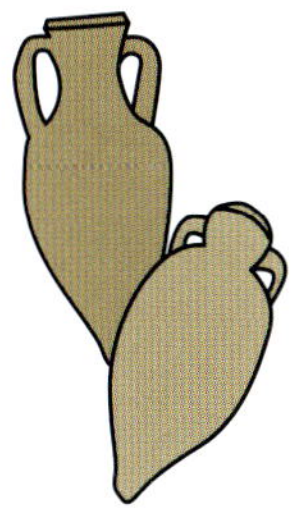

ÜBUNG 11 **Bilde das Futur II von *facere – machen, tun.***

	Singular	Plural
1. Ps.		
2. Ps.		
3. Ps.		

ÜBUNG 12 **Setze die Wortteile so zusammen, dass Futur-II-Formen entstehen.**

fu- petiv- ~~monu-~~ censu- exspectav- arcessiv- intellex-

-erint -istis -i ~~-ero~~ -eris -erit -eram -erimus -imus -erunt -bunt -eritis

monuero,

ÜBEN

ÜBUNG 13 **Übersetze die folgenden Verben und setze sie dann ins Futur I.**

eras:	du warst	→	eris
moverunt:		→	
certant:		→	
credo:		→	
fuistis:		→	
dubitamus:		→	
adiuvisse:		→	
rapiunt:		→	
fugis:		→	
intellexisti:		→	

ÜBUNG 14 **Bilde den Infinitiv Futur Aktiv, indem du die passende Endung ergänzt. Übersetze anschließend den Satz in deinem Übungsheft.**

Claudius se vent ______ esse promisit.

Corneliam id non fact ______ esse confido.

Cicero se Athenis multa vis ______ esse credidit.

Mater filios domi fut ______ esse sperat.

ÜBUNG 15 **Futur I oder II? Bilde die entsprechende Form des Verbs in Klammern.**

Si servi bene ______ (laborare), dominus eos ______ (laudare).

Rufus multa templa ______ (videre), si Romam ______ (advenire).

Simulac aliquid novi ______ (ego, audire), tibi epistulam ______ (scribere).

Etsi eum ______ (ego, rogare), non ______ (respondere).

ÜBEN

4.3 Unregelmäßige Verben

velle – nōlle – mālle

Häufig verwendete unregelmäßige Verben sind:
- *velle – wollen*
- *nōlle (< nōn velle) – nicht wollen*
- *mālle (< magis [mehr] velle) – lieber wollen*

Die Präsensformen der drei Verben lernst du am besten zusammen, da sie sich zum Teil sehr ähnlich sind.

Die anderen Tempora werden regelmäßig gebildet:
- das Imperfekt und Futur I von einem Stamm *vol-*, *nōl-* bzw. *māl-*,
- das Perfekt, Plusquamperfekt und Futur II vom Perfektstamm *volu-*, *nōlu-* bzw. *mālu-*.

Beachte: Einen Imperativ bildet nur das Verb *nōlle: nōlī! nōlīte!* (↑ Wissen+, S. 55)

Zu den Konjunktivformen ↑ Kap. 7.

Präsens		
volō	nōlō	mālō
vīs	**nōn vīs**	māvīs
vult	**nōn vult**	māvult
volumus	nōlumus	mālumus
vultis	**nōn vultis**	māvultis
volunt	nōlunt	mālunt
Imperfekt		
volēbam	nōlēbam	mālēbam
volēbās	nōlēbās	mālēbās
volēbat	nōlēbat	mālēbat
...	...	...
Futur I		
volam	nōlam	mālam
volēs	nōlēs	mālēs
volet	nōlet	mālet
...	...	...
Perfekt		
voluī	nōluī	māluī
voluistī	nōluistī	māluistī
voluit	nōluit	māluit
...	...	...
Infinitiv Perfekt		
voluisse	nōluisse	māluisse
Plusquamperfekt		
volueram	nōlueram	mālueram
voluerās	nōluerās	māluerās
voluerat	nōluerat	māluerat
...	...	...
Futur II		
voluerō	nōluerō	māluerō
volueris	nōlueris	mālueris
voluerit	nōluerit	māluerit
...	...	...

īre

Ein weiteres wichtiges Verb, das unregelmäßige Formen aufweist, ist *īre – gehen.* Präsens, Imperfekt und Futur I werden von einem Stamm *ī-* gebildet (Ausnahme: 1. Person Singular und 3. Person Plural Präsens).

Beachte: Das Futur I wird wie das der ā- oder ē-Konjugation (nicht nach der ī-Konjugation!) mit dem Tempuszeichen *-bi-* / *-bu-* gebildet.

Präsens	*Imperfekt*	*Futur I*
eō	ībam	ībō
īs	ībās	ībis
it	ībat	ībit
īmus	ībāmus	ībimus
ītis	ībātis	ībitis
eunt	ībant	ībunt

Imperativ: ī! – geh!, īte! – geht!

Für die Formen von Perfekt, Plusquamperfekt und Futur II werden die entsprechenden Endungen an den Perfektstamm *i-* angehängt.

Achtung: Im Perfekt werden zwei aufeinandertreffende *i* bei folgendem *s* zu *ī-* zusammengezogen.

Zu den Konjunktivformen ↑ Kap. 7.

Perfekt	*Plusquamperfekt*	*Futur II*
iī	ieram	ierō
īstī	ierās	ieris
iit	ierat	ierit
iimus	ierāmus	ierimus
īstis	ierātis	ieritis
iērunt	ierant	ierint

Infinitiv Perfekt: īsse

ferre

Das Verb *ferre – tragen, bringen* hat vor allem im Indikativ Präsens unregelmäßige Formen, die du dir gut einprägen musst. Für Imperfekt und Futur I werden die entsprechenden Endungen ganz regelmäßig an einen Stamm *fer-* angehängt.

Präsens	*Imperfekt*	*Futur I*
ferō	ferēbam	feram
fers	ferēbās	ferēs
fert	ferēbat	feret
ferimus	ferēbāmus	ferēmus
fertis	ferēbātis	ferētis
ferunt	ferēbant	ferent

Imperative: fer! – bring!, ferte! – bringt!

Perfekt, Plusquamperfekt und Futur II werden vom unregelmäßigen Perfektstamm *tul-* regelmäßig gebildet.

Zu Passiv- und Konjunktivformen ↑ Kap. 5 und Kap. 7.

Perfekt	*Plusquamperfekt*	*Futur II*
tulī	tuleram	tulerō
tulistī	tulerās	tuleris
tulit	tulerat	tulerit
tulimus	tulerāmus	tulerimus
tulistis	tulerātis	tuleritis
tulērunt	tulerant	tulerint

Infinitiv Perfekt: tulisse

ÜBUNG 16 Ergänze die fehlenden Formen.

	nolle	*malle*
1. Ps. Sg.	nolo	
2. Ps. Sg.		
3. Ps. Sg.		mavult
1. Ps. Pl.		
2. Ps. Pl.		
3. Ps. Pl.		

ÜBUNG 17 Welche Formen gehören zum Verb *ire?* Schreibe sie in das Konjugationsschema. Zu welchem Wort gehören die anderen Formen? Welche sind zweideutig?

eo – ea – imus – eum – eis – ii – eunt – iit – ibant – ibis – iimus – eos – ibunt – id – ibam – ibitis – ibatis

Präsens	Imperfekt	Futur I	Perfekt

ÜBUNG 18 Wähle die passende Form aus und setze sie ein. Übersetze anschließend im Übungsheft.

nolo – non vis – malumus – voluit – vultis – mavultis – malunt – nolueramus – mavult

Cicero orationem habere ______ .

Tullius et Cornelia domi manere debent. Avum autem visitare ______ .

Gaio epistulam scribere ______ (ego).

Claudius dormire quam studere ______ .

Num Romam ire ______ (tu)?

WISSEN

Komposita
Ein Kompositum ist ein aus Präfix (Vorsilbe) und Grundverb zusammengesetztes Verb.
Typische Präfixe, die die Bedeutung des Grundverbs verändern, sind:
ab- *– weg-;* ***ad-*** *– zu-, hin-;*
con- *– zusammen-;* ***de-*** *– weg-;*
ex- *– heraus-;* ***in-*** *– darin-, hinein-;*
ob- *– entgegen-;* ***prae-*** *– vor-.*

Beachte: Manche Endkonsonanten der Präfixe gleichen sich an den Folgekonsonanten an.

esse – sein:
abesse – abwesend sein
adesse – anwesend sein, helfen

ire – gehen:
abire – weggehen
exire – herausgehen

ferre – tragen, bringen:
praeferre – vorantragen, vorziehen
conferre – zusammentragen

a**ff**erre („ad-ferre") – herbeibringen

ÜBUNG 19 **Verbinde die Komposita mit der richtigen Bedeutung.**

inferre	hinderlich sein, schaden
obesse	vorn sein, an der Spitze stehen
efferre	hineintragen, angreifen
praeesse	zurückkehren
adire	zusammentragen
obire	hinaustragen
redire	entgegengehen
conferre	hingehen, besuchen

ÜBUNG 20 **Ordne die Formen von *praeferre* der richtigen Person und Zeitform zu.**

praeferetis – praetulisti – praeferunt – praetuleris – praeferebas – praeferebamus – praefero – praetulerant – praefert – praeferam

2. Ps. Sg. Perf.:		1. Ps. Sg. Präs.:	
3. Ps. Sg. Präs.:		2. Ps. Sg. Imperf.:	
1. Ps. Sg. Fut. I:		1. Ps. Pl. Imperf.:	
2. Ps. Sg. Fut. II:		3. Ps. Pl. Präs.:	
2. Ps. Pl. Fut. I:		3. Ps. Pl. Plusqu.:	

ÜBEN

WISSEN

Die Verwendung von *noli!/nolite!*
Der Imperativ von *nolle* wird vor allem als Verneinung eines anderen Imperativs eingesetzt. Nach *noli* bzw. *nolite* steht dann das entsprechende Verb im Infinitiv Präsens.

Veni! – Komm!
Noli venire! – Komm nicht!

Dicite! – Sprecht!
Nolite dicere! – Sprecht nicht!

ÜBUNG 21 **Verneine die folgenden Imperative.**

Tacete! →

Domum i! →

Servi, cibos ferte! →

Amici, ridete! →

Stude! →

ÜBUNG 22 **Ersetze die Formen von *optare, non optare, magis optare* durch die entsprechenden Formen von *velle, nolle* bzw. *malle*.**

optabit →

magis optaverunt →

optaveris →

non optas →

optabas →

magis optamus →

■ *Vokabeln:* optare – wünschen, magis – mehr

ÜBEN

Klassenarbeit 1

45 Minuten

AUFGABE 1 **Unterstreiche die Präsensformen. Schreibe jeweils den Infinitiv Präsens und die Bedeutung in dein Übungsheft.**

explicamus – incipies – expello – habitabas – ducam – sumus – laboro – intrabis – mittent – mittunt – occupat – celebrabamus – sumis – vinces – agitis – agebatis – erimus

AUFGABE 2 **Perfekt, Plusquamperfekt oder Futur II? Sortiere die Formen ein.**

fueratis – monstraveris – fuistis – gesserunt – paruero – duxerant – habuisti – legimus – vocaverint – mandavistis – pepulerimus – egeram – nolueras – tulerit – tulerat – intraverat – fuerint – peperci

Perfekt	Plusquamperfekt	Futur II

AUFGABE 3 **Bilde Formen von *ire:* Ändere jeweils die vorhergehende Form in die als nächstes geforderte Form um, sodass sich eine Wortkette ergibt.**

eo → ______ (Impf.) → ______ (3. Sg.)
→ ______ (Plusqu.) → ______ (1. Pl.)
→ ______ (Fut. I) → ______ (1. Sg.)
→ ______ (Fut. II) → ______ (Perf.)
→ ______ (2. Sg.) → ______ (Präs.)
→ ______ (1. Pl.) → ______ (1. Sg.)

TESTEN

AUFGABE 4 **Setze die folgenden Präsensformen ins Futur I.**

amant:	imus:
fleo:	malo:
fugitis:	estis:
eo:	gerimus:
vult:	fert:

AUFGABE 5 **Bilde von den folgenden Verben die 1. Person Singular Perfekt. Ordne die Perfektformen gleich der Art der Perfektbildung zu.**

poscere – censere – iubere – movere – metuere – petere

v-Perfekt	**u-Perfekt**	**Dehnungsperfekt**
Stammperfekt	**s-Perfekt**	**Reduplikationsperfekt**

AUFGABE 6 **Markiere die richtige Tempusform und übersetze.**

Iterum iterumque te invitabam / invitavi, tu autem nondum venisti / veneras.

Si ad nos venies / veneris, consilium capiemus / capimus.

Ovidius poeta in exsilio vivere noluit / nolebat, cum suis esse maluit / malebat.

Postquam Romam adveni / adveneram, statim in forum properavi / properaveram.

Simulac senator Romam advenerat / advenerit, in curiam properabit / properat.

Servi semper patrem salutabant / salutaverunt, postquam domum redierat / rediit.

Klassenarbeit 2

45 Minuten

AUFGABE 7 Ordne die Präsensformen in das Konjugationsschema ein. Nenne in deinem Übungsheft den Infinitiv Präsens Aktiv sowie die Konjugationsklasse.

cantatis – dicis – ridemus – dormio – fugiunt – quaerit

	Singular	Plural
1. Ps.		
2. Ps.		
3. Ps.		

AUFGABE 8 Setze die folgenden Präsensformen ins Imperfekt.

aperimus:		sunt:	
demittit:		eo:	
vultis:		gaudes:	
accendunt:		spectamus:	
facitis:		non vis:	

AUFGABE 9 Welche Art der Perfektbildung trifft auf die folgenden Verben zu? Ordne zu und bilde jeweils die 1. Person Perfekt Aktiv.

defendere – ludere – venire – colere – tradere – adorare

v-Perfekt	**u-Perfekt**	**s-Perfekt**
Reduplikationsperfekt	**Dehnungsperfekt**	**Stammperfekt**

TESTEN

AUFGABE 10 **Indikativ Perfekt oder Futur II? Sortiere die Formen in deinem Übungsheft und nenne den Infinitiv Präsens Aktiv.**

cognoveris – habuerit – misisti – fuerimus – volui – fecimus – neglexerint – dixerunt – scripsero – effugeritis – cogitavit – emistis

AUFGABE 11 **Setze das Verb in Klammern ins Futur I. Achte auf die passende Person und den richtigen Numerus. Übersetze.**

Cras pater domum (redire).

Aeneas sociique patriam novam (invenire).

Marco litteras (scribere, ego).

Lucius semper amicus Gaii (manere).

AUFGABE 12 **Verneine die folgenden Imperative und übersetze beide Versionen.**

Serve, vinum apporta!

Discipuli, domum ite!

Troiani, e Carthagine fugite!

Poeta, carmina lege!

Milites, pontem facite!

5

Das Passiv

5.1 Präsens, Imperfekt und Futur I Passiv

Im Passiv steht nicht derjenige im Vordergrund, der etwas tut, sondern das, womit oder wodurch etwas getan wird. Der Blickwinkel auf das Geschehen ist also anders.

Der Händler verkauft seine Ware teuer. → *Aktiv, die Betonung liegt auf dem Händler, der hohe Preise macht.*
Die Ware wird teuer verkauft. → *Passiv, die Betonung liegt auf der teuren Ware.*

Das Präsens Passiv

Für die Bildung des **Präsens Passiv** gelten grundsätzlich dieselben Regeln wie für das Aktiv (↑ Kap. 4.1). Die Formen unterscheiden sich jedoch in den Personalendungen, die im Passiv folgendermaßen lauten:

	Sg.	Pl.
1. Ps.	*-or*	*-mur*
2. Ps.	*-ris*	*-minī*
3. Ps.	*-tur*	*-ntur*

laud**or** – ich werde gelobt
mon**eris** – du wirst ermahnt
audi**tur** – er / sie / es wird gehört
quaer**imur** – wir werden gesucht
cap**imini** – ihr werdet gefasst
cap**iuntur** – sie werden gefasst

Der Infinitiv Präsens Passiv endet in der ā-, ē- und ī-Konjugation auf *-rī*, in der konsonantischen und gemischten Konjugation auf *-ī*.

laud**ari** – gelobt werden
mon**eri** – ermahnt werden
aud**iri** – gehört werden
quaer**i** – gesucht werden
cap**i** – gefasst werden

Beachte: Der „Urheber", also derjenige, der im Passivsatz eigentlich handelt, wird im Lateinischen mit *ā* (bzw. *ab* vor Vokal) + Ablativ ausgedrückt.

Cibi **a** servis praeparantur. – Die Speisen werden von den Sklaven vorbereitet.
Liberi **ab** avo salutantur. – Die Kinder werden vom Großvater begrüßt.

Achtung: Im Deutschen wird sowohl das Passiv als auch das Futur I mit „werden" gebildet. Unterscheide also bei deiner Übersetzung immer genau zwischen Aktiv und Passiv!

Der Vater **wird** seine Kinder **begrüßen.** → *Futur I Aktiv*
Der Vater **wird** von seinen Kindern **begrüßt.** → *Präsens Passiv*
Der Vater **wird** von seinen Kindern **begrüßt werden.** → *Futur I Passiv*

WISSEN

Das Imperfekt Passiv

Für das **Imperfekt Passiv** gelten dieselben Bildungsregeln wie für das Aktiv (↑ Kap. 4.1), allerdings mit den passiven Personalendungen. Mit dem Tempuszeichen *-ba-* ergeben sich diese Endungen:

	Sg.	Pl.
1. Ps.	*-bar*	*-bāmur*
2. Ps.	*-bāris*	*-bāminī*
3. Ps.	*-bātur*	*-bantur*

lauda**bar** – ich wurde gelobt
mone**baris** – du wurdest ermahnt
voca**batur** – er / sie / es wurde gerufen
ama**bamur** – wir wurden geliebt
terre**bamini** – ihr wurdet erschreckt
proba**bantur** – sie wurden geprüft

Beachte: In der ī-, der konsonantischen und der gemischten Konjugation wird ein Bindevokal *-e-* zwischen Stamm und Tempuszeichen eingefügt.

audi**ebatur** – er / sie / es wurde gehört
quaer**ebamur** – wir wurden gesucht
capi**ebamini** – ihr wurdet gefasst

Das Futur I Passiv

Auch im **Futur I Passiv** musst du nur die Aktivendungen gegen die passiven Personalendungen austauschen. An den Stamm wird also insgesamt angehängt:

	Sg.	Pl.
1. Ps.	*-bor*	*-bimur*
2. Ps.	*-beris*	*-biminī*
3. Ps.	*-bitur*	*-buntur*

lauda**bor** – ich werde gelobt werden
mone**beris** – du wirst ermahnt werden
voca**bitur** – es / sie / es wird gerufen werden
terre**bimur** – wir werden erschreckt werden
proba**bimini** – ihr werdet geprüft werden
mone**buntur** – sie werden ermahnt werden

Für die ī-, die konsonantische und die gemischte Konjugation lauten die Endungen:

	Sg.	Pl.
1. Ps.	*-ar*	*-ēmur*
2. Ps.	*-ēris*	*-ēminī*
3. Ps.	*-ētur*	*-entur*

audi**ar** – ich werde gehört werden
quaer**eris** – du wirst gesucht werden
reperi**etur** – er / sie / es wird gefunden werden
capi**emur** – wir werden gefasst werden
reg**emini** – ihr werdet gelenkt werden
rapi**entur** – sie werden geraubt werden

Das Passiv von *ferre*

Das Präsens, Imperfekt und Futur I Passiv von *ferre – tragen, bringen* wird bis auf wenige Ausnahmen regelmäßig vom Stamm *fer-* gebildet.
Der Infinitiv Präsens Passiv lautet *ferrī – getragen werden.*

Präsens	*Imperfekt*	*Futur I*
fer**or**	ferē**bar**	fer**ar**
ferris	ferē**bāris**	fer**ēris**
fertur	ferē**bātur**	fer**ētur**
fer**imur**	ferē**bāmur**	fer**ēmur**
fer**iminī**	ferē**bāminī**	fer**ēminī**
fer**untur**	ferē**bantur**	fer**entur**

ÜBUNG 1 Bilde das Präsens Passiv von *audire*. Schreibe die entsprechenden Formen von *portare* und *rapere* in dein Übungsheft.

	Singular	Plural
1. Ps.	audior	audimur
2. Ps.	audiris	audimini
3. Ps.	auditur	audintur
Infinitiv		

ÜBUNG 2 Wie musst du die Endung verändern, damit aus den folgenden Aktivformen von *monere* die entsprechenden Passivformen werden?

moneo →
monebis →
monebam →
monebitis →
monemus →
monebat →
monebunt →
monebamus →
monetis →

ÜBUNG 3 Bestimme die Passivformen und übersetze sie. Schreibe in dein Übungsheft.

monemini
complebantur
frangebatur
aperietur
custodimur
bibetur
regeris
fleberis

ÜBEN

ÜBUNG 4 **Bilde aus folgenden Verbanfängen und Endungen alle Passivformen, die möglich sind. Schreibe in dein Übungsheft.**
Beispiel: dona- + -mini → donamini

dona-	-untur
capi-	-mini
efficieba-	-or
frang-	-r
fer-	-ris
	-ntur
	-mur
	-entur
	-tur
	-eris

ÜBUNG 5 **Übersetze die folgenden Sätze. Wer könnte die Handlungen ausführen? Ergänze jeweils den „Urheber“ auf Latein.**

1. Epistula scribitur.

2. Domi exspectabamini.

3. Discipuli non laudabuntur.

4. Tabulae in scholam portantur.

ÜBUNG 6 **Ergänze die fehlenden Passivendungen. Aufgepasst: Welchen Kasus brauchst du bei den Substantiven bzw. Pronomina? Welche Person ist bei den Verbformen gefragt?**

Publius a Claudi ______ voc ______ (Präsens), nam ab ______ (is / ea / id) quaer ______ (Präsens).
Marce, cur semper a magistr ______ (Singular) mon ______ (Präsens)?
Si Romam advenerimus, ab amic ______ (Plural) iam exspect ______ (Futur I).
Fabula illa semper ab av ______ (Singular) narr ______ (Imperfekt).

ÜBUNG 7 **Wandle die folgenden Sätze ins Passiv um und übersetze. Überlege: Was wird zum Subjekt, und wie kannst du das Subjekt des Aktivsatzes wiedergeben? Schreibe in dein Übungsheft.**

Liberi portam aperiunt et avum salutant.
Servi vinum aquamque iterum iterumque apportabant.
Pater nocte filium exspectat.
Mater hospites in atrium ducet.

WISSEN +

Übersetzungsmöglichkeiten
Das lateinische Passiv kannst du ebenfalls mit einem Passiv im Deutschen wiedergeben. Für die Übersetzung gibt es jedoch auch noch andere Möglichkeiten: „man“, „sich“, „(sich) lassen“.

Tullius non decipitur:
Passiv: Tullius wird nicht getäuscht.
andere Möglichkeiten: **Man** täuscht Tullius nicht. / Tullius täuscht **sich** nicht. / Tullius **lässt sich** nicht täuschen.

Merke: Manche Verben können im Passiv eine besondere, oftmals aktive Bedeutung annehmen!

ferre – tragen → ferri – eilen, stürzen
frangere – brechen → frangi – zerbrechen
minuere – verringern → minui – abnehmen

ÜBUNG 8 **Übersetze die folgenden Sätze. Versuche jedoch, das Passiv im Deutschen zu vermeiden.**

Senatores Romani non falluntur. –

Statua Neptuni frangitur. –

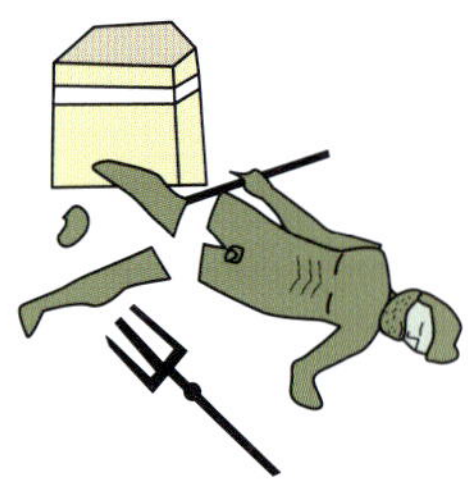

Nemo nocte in viis videbatur. –

Tempora mutantur. –

Milites in hostes ferebantur. –

■ *Vokabeln:* mutare – (ver-)ändern

ÜBEN

5.2 Perfekt, Plusquamperfekt und Futur II Passiv

Perfekt, Plusquamperfekt und Futur II Passiv bestehen aus zwei Wörtern: dem Partizip Perfekt Passiv (PPP, ↑ Kap. 6.1) und einer Form von *esse*. Das PPP kennst du schon aus den Stammformenreihen.

monitus est – er ist ermahnt worden
vocatus eras – du warst gerufen worden

laudo – laudavi – **laudatum** – laudare

Beachte: Für alle konjugierten Formen gilt, dass sich das PPP in Kasus, Numerus und Genus an das Bezugswort, also das Subjekt des Satzes, anpasst. Der Kasus ist folglich immer **Nominativ!**

Liber**i** vocat**i** sunt. – Die Kinder sind gerufen worden.
Puell**ae** vocat**ae** erant. – Die Mädchen waren gerufen worden.

Das Perfekt Passiv

Das Perfekt Passiv bildet sich aus dem PPP und dem Präsens von *esse* (↑ Wissen+, S. 44).

Zum Konjunktiv ↑ Kap. 7.

laudat**us, -a, -um** { **sum** / **es** / **est**

ich bin / du bist / er / sie / es ist } gelobt worden

laudat**i, -ae, -a** { **sumus** / **estis** / **sunt**

wir sind / ihr seid / sie sind } gelobt worden

Der Infinitiv Perfekt Passiv wird aus dem PPP im Akkusativ und *esse* gebildet.

laudatum, -am, -um esse – gelobt worden sein

Merke: Auch der Infinitiv Perfekt Passiv muss sich an sein Bezugswort in Numerus und Genus anpassen. Im AcI muss das PPP also im Akkusativ stehen.

Magister dicit discipul**os** laudat**os** esse. – Der Lehrer sagt, dass die Schüler gelobt worden seien.

Für die Übersetzung hast du folgende Möglichkeiten: Du kannst
- den Vorgang der Handlung betonen,
- einen erzählenden Stil wählen,
- das Ergebnis der Handlung betonen.

Entscheidend ist der Zusammenhang.

Oppidum expugnatum est:

Die Stadt ist erobert worden.
Die Stadt wurde erobert.
Die Stadt ist erobert.

Das Plusquamperfekt Passiv

Ebenfalls mit dem PPP wird das Plusquamperfekt Passiv gebildet. Hinzu kommen die Formen des Imperfekts von *esse* (↑ Wissen+, S. 44).

Zum Konjunktiv ↑ Kap. 7.

monit**us, -a, -um**	**eram** **eras** **erat**
ich war du warst er / sie / es war	ermahnt worden
monit**i, -ae, -a**	**eramus** **eratis** **erant**
wir waren ihr wart sie waren	ermahnt worden

Das Plusquamperfekt drückt im Passiv wie im Aktiv aus, dass diese Handlung vor einer anderen in der Vergangenheit geschehen ist.

Simulac Troia **deleta erat,** Graeci redibant. – Sobald Troja zerstört (worden) war, kehrten die Griechen zurück.

Das Futur II Passiv

Das Futur II Passiv setzt sich aus dem PPP und dem Futur I von *esse* (↑ Kap. 4.1) zusammen.

audit**us, -a, -um**	**ero** **eris** **erit**
ich werde du wirst er / sie / es wird	gehört worden sein
audit**i, -ae, -a**	**erimus** **eritis** **erunt**
wir werden ihr werdet sie werden	gehört worden sein

Wie im Aktiv ist eine Handlung im Futur II Passiv vorzeitig zu einer zukünftigen Handlung. Da wir im Deutschen hier nicht genau unterscheiden, kannst du das Futur II je nach Zusammenhang mit einem Perfekt oder Präsens übersetzen.

Simulac Troia **deleta erit,** Graeci redibunt. – Sobald Troja zerstört ist (*statt* zerstört worden sein wird), werden die Griechen zurückkehren.

ÜBUNG 9 Bilde das Perfekt Passiv von *relinquere*. Schreibe die entsprechenden Formen von *frangere* und *aperire* in dein Übungsheft.

	Singular	Plural
1. Ps.		
2. Ps.		
3. Ps.		
Infinitiv		

ÜBUNG 10 Bilde aus den angegebenen PPP und den Formen von *esse* alle Perfekt-, Plusquamperfekt- und Futur-II-Passivformen, die möglich sind.

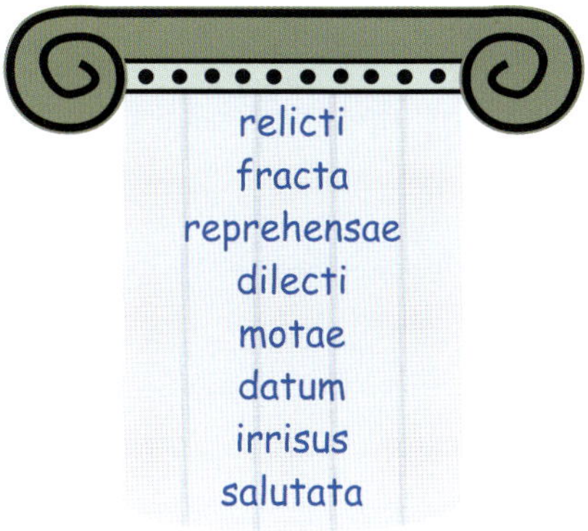

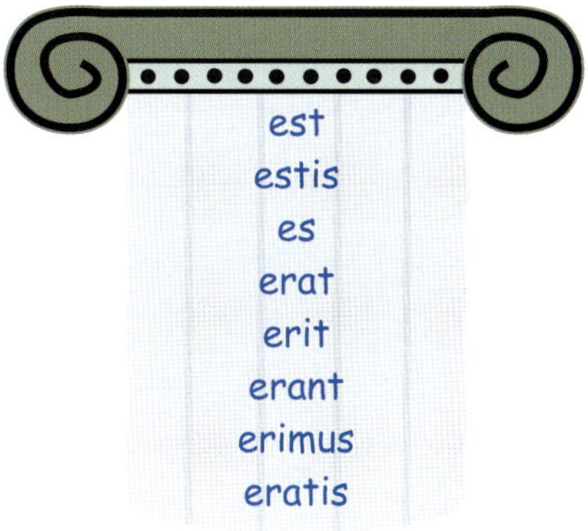

ÜBUNG 11 Setze die folgenden Verbformen ins Passiv.

iudicaverit	→		traxi	→	
scripsit	→		egero	→	
mandaveras	→		dimisisti	→	
pepulistis	→		exspectaverat	→	
sumpserant	→		interfecerint	→	
condiderunt	→		deceperimus	→	
defeceratis	→		duxisti	→	

ÜBUNG 12 **Ergänze die in Klammern angegebene Verbform.**

Publius a magistro iam ______ (exspectare, Perf.).
Discipuli heri non ______ (laudare, Perf.), nam
tabulae ab eis in scholam non ______ (portare, Plusqu.).
Si epistula ______ (scribere, Fut. II), ad te mandabitur.
Amicae a Cornelia ______ (salutare, Perf.),
postquam porta ______ (aperire, Perf.).
Roma ab Romulo ______ (condere, Perf.).

WISSEN

Deponentien
Verben, die passive Formen, aber eine aktive Bedeutung haben, werden Deponentien genannt. Sie kommen in jeder Konjugation vor.

Aufgepasst: Nicht alles, was wie eine Passivform aussieht, ist auch eine!

ā-Konjugation:
hortari, hortor, hortatus sum – ermahnen

ē-Konjugation:
reri, reor, ratus sum – glauben, meinen

ī-Konjugation:
mentiri, mentior, mentitus sum – lügen

konsonantische Konjugation:
loqui, loquor, locutus sum – sprechen

gemischte Konjugation:
pati, patior, passus sum – leiden

ÜBUNG 13 **Bilde die genannten Formen der Deponentien. Übersetze sie und ergänze in deinem Übungsheft die jeweils fehlenden Formen in diesem Tempus.**

hortari: ______ (2. Ps. Sg. Präs.)
reri: ______ (3. Ps. Sg. Fut. I)
pati: ______ (3. Ps. Pl. Plusqu.)
mentiri: ______ (2. Ps. Pl. Fut. II)
loqui: ______ (3. Ps. Sg. Imperf.)

5.3 Das Passiv im Überblick

	ā-Konjugation	ē-Konjugation	ī-Konjugation	gem. Konjugation	kons. Konjugation
Präsens	vocor	moneor	audior	capior	regor
	vocāris	monēris	audīris	caperis	regeris
	vocātur	monētur	audītur	capitur	regitur
	vocāmur	monēmur	audīmur	capimur	regimur
	vocāminī	monēminī	audīminī	capiminī	regiminī
	vocantur	monentur	audiuntur	capiuntur	reguntur
Imperfekt	vocābar	monēbar	audiēbar	capiēbar	regēbar
	vocābāris	monēbāris	audiēbāris	capiēbāris	regēbāris
	vocābātur	monēbātur	audiēbātur	capiēbātur	regēbātur
	vocābāmur	monēbāmur	audiēbāmur	capiēbāmur	regēbāmur
	vocābāminī	monēbāminī	audiēbāminī	capiēbāminī	regēbāminī
	vocābantur	monēbantur	audiēbantur	capiēbantur	regēbantur
Futur I	vocābor	monēbor	audiar	capiar	regar
	vocāberis	monēberis	audiēris	capiēris	regēris
	vocābitur	monēbitur	audiētur	capiētur	regētur
	vocābimur	monēbimur	audiēmur	capiēmur	regēmur
	vocābiminī	monēbiminī	audiēminī	capiēminī	regēminī
	vocābuntur	monēbuntur	audientur	capientur	regentur
Infinitiv Präsens	vocārī	monērī	audīrī	capī	regī
Perfekt	vocātus sum	monitus sum	audītus sum	captus sum	rēctus sum
	vocātus es	monitus es	audītus es	captus es	rēctus es
	vocātus est	monitus est	audītus est	captus est	rēctus est
	vocātī sumus	monitī sumus	audītī sumus	captī sumus	rēctī sumus
	vocātī estis	monitī estis	audītī estis	captī estis	rēctī estis
	vocātī sunt	monitī sunt	audītī sunt	captī sunt	rēctī sunt
Plusquam-perfekt	vocātus eram	monitus eram	audītus eram	captus eram	rēctus eram
	vocātus erās	monitus erās	audītus erās	captus erās	rēctus erās
	vocātus erat	monitus erat	audītus erat	captus erat	rēctus erat
	vocātī erāmus	monitī erāmus	audītī erāmus	captī erāmus	rēctī erāmus
	vocātī erātis	monitī erātis	audītī erātis	captī erātis	rēctī erātis
	vocātī erant	monitī erant	audītī erant	captī erant	rēctī erant
Futur II	vocātus erō	monitus erō	audītus erō	captus erō	rēctus erō
	vocātus eris	monitus eris	audītus eris	captus eris	rēctus eris
	vocātus erit	monitus erit	audītus erit	captus erit	rēctus erit
	vocātī erimus	monitī erimus	audītī erimus	captī erimus	rēctī erimus
	vocātī eritis	monitī eritis	audītī eritis	captī eritis	rēctī eritis
	vocātī erunt	monitī erunt	audītī erunt	captī erunt	rēctī erunt
Infinitiv Perfekt	vocātum esse	monitum esse	audītum esse	captum esse	rēctum esse

Klassenarbeit 1

45 Minuten

AUFGABE 1 **Ergänze die fehlende passive Endung.**

adducet	amittunt	excitabo
mandabami	retiner	vinca
tollebat	volvent	videbimu

AUFGABE 2 **Zu welchem Verb gehören die Verbformen? Verbinde sie und bestimme dann die Formen in deinem Übungsheft.**

accusati erant	ducere
decepti sumus	claudere
posita erunt	dividere
divisa est	accusare
motae eritis	arripere
arreptus es	ponere
ductae eramus	decipere
clausum est	movere

AUFGABE 3 **Übersetze ins Lateinische.**

du wirst erwartet *(exspectare)*:

er wird besiegt worden sein *(vincere)*:

wir wurden eingeladen *(invitare)*:

sie sind verspottet worden *(irridere)*:

ich werde erfreut werden *(delectare)*:

ihr wart verlassen worden *(relinquere)*:

du wirst gehört *(audire)*:

du wirst gefunden werden *(reperire)*:

TESTEN

AUFGABE 4 **Hier herrscht Chaos – ordne die Formen ihrem jeweiligen Grundwort zu und bestimme sie.**

rebus - ~~reberis~~ - reis - reris - reos - reor - rerum - remur -
rei (2x) - rem - reum - rebamini - reo - re

reri	*res*	*reus*
reberis (2. Ps. Sg. Fut. I)		

AUFGABE 5 **Wandle die folgenden Sätze ins Passiv um. Setze die Passivsätze anschließend ins Perfekt. Schreibe in dein Übungsheft.**

1. Gaius amicos quaerit et vocat.
2. Paulo post amici clamorem eius audiunt.
3. Servi cibos afferunt.
4. Gaius et amici vas frangunt.
5. Mater eos monet.
6. Romani Gallos vincent.

AUFGABE 6 **Übersetze die folgenden Passivsätze. Welche Möglichkeiten hast du bei der Übersetzung?**

Pretium frumenti minuitur.
Domus aedificabatur.
Multi homines fulmine terrentur.
Hostes fallentur.
Arbores caesae erant.
Statuae Graecae parvo venduntur.

■ *Vokabeln:* fulmen, -inis *n* – Blitz

Klassenarbeit 2

45 Minuten

AUFGABE 7 Verbinde Verbanfang und Personalendung zu grammatikalisch korrekten Passivformen. Bestimme sie in deinem Übungsheft. Achtung: Manchmal gibt es mehr als eine Möglichkeit.

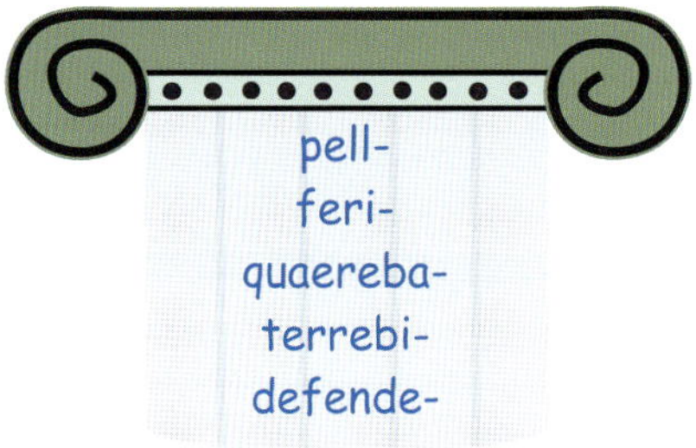

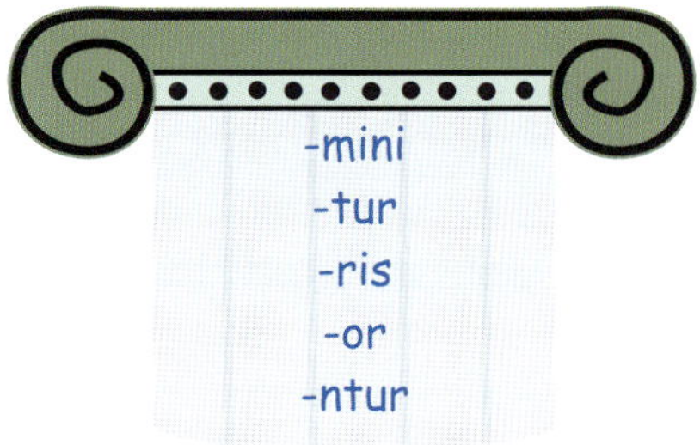

AUFGABE 8 Bilde die angegebene Passivform, indem du die passende Form von *esse* zum PPP ergänzt.

dicta	(3. Ps. Pl. Ind. Perf. Pass.)
laudata	(1. Ps. Sg. Fut. II Pass.)
parati	(3. Ps. Pl. Ind. Plusqu. Pass.)
raptus	(2. Ps. Sg. Fut. II Pass.)
datum	(3. Ps. Sg. Ind. Perf. Pass.)
auditi	(2. Ps. Pl. Ind. Plusqu. Pass.)

AUFGABE 9 Setze die folgenden Verbformen ins Passiv und übersetze sie.

deleverit →

superavi →

relinquis →

amabatis →

vicerant →

timebimus →

accepit →

AUFGABE 10 **Übersetze ins Lateinische. Achtung Deponentien!**

du wirst ermahnen *(hortari)* –

wir haben geglaubt *(reri)* –

sie hatten gesprochen *(loqui)* –

er leidet *(pati)* –

AUFGABE 11 **Ergänze den passenden „Urheber" im Ablativ und übersetze. Achte auf das richtige Tempus!**

liberi – Caesar – Graeci – mercator – Troiani

Statuae Graecae a venduntur.

Equus ligneus a in litore relictus est et a in oppidum tractus est.

Galli a victi erant.

■ *Vokabeln:* ligneus, -a, -um – hölzern, aus Holz

AUFGABE 12 **Übersetze die folgenden Passivsätze. Probiere dabei verschiedene Möglichkeiten aus.**

Nox exspectatur.

Terra iterum movebatur.

Pons factus est.

Oppidum fortiter defensum erat.

WISSEN

6 Partizipien

6.1 Die Formen

Ein Partizip ist eine Mischung aus Verb und Adjektiv (**Verbaladjektiv**): Es hat einerseits ein Tempus und kann Aktiv oder Passiv sein, andererseits wird es dekliniert. Das Partizip richtet sich in Kasus, Numerus und Genus nach seinem Bezugswort.	lachend → *Präsens Aktiv* gelobt → *Perfekt Passiv* ein lachend**es** Gesicht das gelobt**e** Land
Das **Partizip Präsens Aktiv (PPA)** wird vom Präsensstamm und der Endung *-ns* (Gen. *-ntis*) gebildet; in der ī-, der konsonantischen und gemischten Konjugation wird zwischen Stamm und Endung ein *-e-* eingefügt. Es wird wie ein zweiendiges Adjektiv der 3. Deklination dekliniert (Ausnahme: Abl. Sg. *-e*).	lauda**ns,** -ntis – lobend ride**ns,** -ntis – lachend audie**ns,** -ntis – hörend rege**ns,** -ntis – lenkend capie**ns,** -ntis – erfassend
Das **Partizip Perfekt Passiv (PPP)** hat bei den Verben der ā- und ī-Konjugation meist die Endung *-tus, -ta, -tum,* die direkt an den Stamm angehängt wird. Die PPP der anderen Konjugationen haben oft einen unregelmäßigen Stamm. Die Endung kann dann auch *-sus, -sa, -sum* lauten. Die Kasus aller PPP werden nach der ā- / o-Deklination gebildet.	lauda**tus,** -a, -um – gelobt audi**tus,** -a, -um – gehört **visus,** -a, -um – gesehen **risus,** -a, -um – gelacht **rectus,** -a, -um – gelenkt **captus,** -a, -um – gefasst
Tipp: Am besten prägst du dir immer die ganze Stammformenreihe ein.	videre – video – vidi – **visum:** sehen regere – rego – rexi – **rectum:** lenken
Das Lateinische verfügt auch über ein **Partizip Futur Aktiv (PFA)**. An den Stamm des PPP wird statt *-us, -a, -um* die Endung *-ūrus, -ūra, -ūrum* gehängt. Die Kasus werden nach der ā- / o-Deklination gebildet.	lauda**turus,** -a, -um – einer, der loben wird audi**turus,** -a, -um – einer, der hören wird vi**surus,** -a, -um – einer, der sehen wird
Beachte: Da es im Deutschen kein PFA gibt, musst du es in der Übersetzung umschreiben. Hier gibt es die Möglichkeit, ▪ die nahe Zukunft, ▪ die Absicht oder ▪ den Willen zu betonen.	magister laudaturus – ein Lehrer, der ... im Begriff ist zu loben. ... die Absicht hat zu loben. ... loben will.

ÜBUNG 1 Dekliniere das PPA von *ducere*.

Singular m / f	n	Plural m / f	n
ducens			

ÜBUNG 2 PPA, PPP oder PFA? Ordne die Partizipien zu.

postulanti – vocaturi – territos – visurae – consulentes – praeteritorum – facturus – victi – tacenti

PPA	PPP	PFA

ÜBUNG 3 Von welchen Verben stammen die folgenden PPP? Bestimme die Formen in deinem Übungsheft.

monitum – permissos – lectae – collocata – prohibitis – apertam – dictorum – victo – punitas – interfectus

ÜBUNG 4 Ergänze passende Partizipendungen. Beachte dabei die Kongruenz!

puellae canent_____

matrem monitur_____

liberorum flent_____

urbe expugnat_____

avo visitatur_____

WISSEN

Die Verwendung des Partizips
Ein Partizip kann – wie ein Adjektiv – **attributiv** oder **prädikativ** verwendet werden.
Zur Übersetzung des (viel häufigeren) prädikativen Partizips ↑ Kap. 6.2. In attributiver Funktion übersetzt du das Partizip entweder wörtlich oder mit einem Relativsatz.
Das PPA drückt die Gleichzeitigkeit, das PPP die Vorzeitigkeit und das PFA die Nachzeitigkeit aus (↑ Kap. 6.2).

Beachte: Das Partizip kann auch durch weitere Satzteile ergänzt werden.

Video liberos **laetos.** – Ich sehe fröhliche Kinder. → *attributives Adjektiv*
Liberi **laeti** redeunt. – Die Kinder kommen fröhlich („als fröhliche") zurück. → *prädikatives Adjektiv*

Liberi **dormientes** non clamunt. – Schlafende Kinder schreien nicht. *oder:* Kinder, die schlafen, schreien nicht. → *attributives Partizip, PPA: gleichzeitig*

liberi **a patre** laudati – die vom Vater gelobten Kinder

ÜBUNG 5 **Übersetze die folgenden Ausdrücke.**

puella ridens –

hostes victi –

senatores domum redituri –

senatus consilium capiens –

Gallia a Caesare expugnata –

filius labores molestos confecturus –

■ *Vokabeln:* molestus, -a, -um – lästig, unangenehm

ÜBUNG 6 **PPA, PFA oder PPP? Unterstreiche die passenden Partizipien und übersetze in deinem Übungsheft.**

ACHTUNG FEHLER

Videtisne illam domum nuper aedificantem / aedificatam / aedificaturam?

Imperator oppidum hostium oppugnaturus / oppugnatus / oppugnans a castris profectus est.

Discipuli tabulas portantes / portati / portaturi in scholam eunt.

■ *Vokabeln:* nuper – neulich, proficisci – aufbrechen

ÜBEN

6.2 Das Participium coniunctum

Das Partizip wird im Lateinischen meist **prädikativ** verwendet, entweder als sogenanntes **Participium coniunctum** (verbundenes Partizip, PC) oder als **Ablativus absolutus** (↑ Kap. 6.3).
Das PC hat ein Bezugswort, mit dem es in Kasus, Numerus und Genus übereinstimmt, mit dem es also „verbunden" ist. Es stellt eine Art verkürzten Satz dar: Aus zwei Sätzen wird einer.

Marc**us** a matre vocat**us** domum intravit.
→ *PC im Nom. Sg.*
= Marcus a matre vocatus erat. Marcus domum intravit. – Markus war von seiner Mutter gerufen worden. Markus betrat das Haus.

Zeitliches und logisches Verhältnis

Im Deutschen kann das PC mit einem adverbialen Gliedsatz wiedergegeben werden. Hierbei musst du das **Zeitverhältnis** zwischen den beiden Sätzen berücksichtigen, das durch das jeweilige Partizip ausgedrückt wird:
- PPA → gleichzeitig
- PPP → vorzeitig
- PFA → nachzeitig

Achtung: Die Partizipien stellen *keine* Zeitstufe dar, sondern bezeichnen nur das Zeitverhältnis zum Prädikat!

Marcus a matre **vocatus** *(PPP)* domum intravit. – Nachdem Markus von seiner Mutter gerufen worden war, betrat er das Haus. → *vorzeitige Handlung*

Mater **quaerens** Marcum *(PPA)* vocabat. – Die Mutter rief Markus, während sie ihn suchte. → *gleichzeitige Handlung*

Multi amici Gaium domum **rediturum** *(PFA)* viderunt. – Viele Freunde sahen Gaius (in dem Moment), als er im Begriff war, nach Hause zurückzukehren. → *nachzeitige Handlung*

Zu beachten ist ebenfalls das **gedankliche** oder **logische Verhältnis** zwischen den beiden Sätzen. Es kann nicht nur **temporal** (Zeit), sondern auch **kausal** (Grund) oder **konzessiv** (Gegengrund, Zugeständnis) sein. Welche Konjunktion in der Übersetzung mit einem adverbialen Gliedsatz am besten passt, musst du aus dem Zusammenhang erschließen.

Die deutschen Konjunktionen im Überblick:
- temporal: *als, nachdem, während*
- kausal: *da, weil*
- konzessiv: *auch wenn, obwohl*

Timeo vicinos dona **ferentes.** – Ich fürchte meine Nachbarn,
... **während** sie Geschenke bringen.
→ *temporal: hier wenig sinnvoll*

... **weil** sie Geschenke bringen.
→ *kausal: unlogisch*

... **obwohl** sie Geschenke bringen.
→ *konzessiv: sinnvoll*

Die Übersetzung

Bei der Übersetzung ist es sinnvoll, methodisch vorzugehen. Beachte folgende Schritte:

Marcus a matre vocatus domum intravit.

1. Verschaffe dir erst einen Überblick über den Satz (Prädikat, Subjekt, Objekt, Adverbiale, Partizipkonstruktionen etc.). Es ist sinnvoll, Zusammengehöriges zu kennzeichnen.

(1) *Prädikat:* intravit
Subjekt: Marcus
Akkusativobjekt: domum
Partizip: vocatus

2. Was gehört noch zur Partizipkonstruktion (das steht meistens zwischen PC und Bezugswort)?

(2) a matre

3. Welche Form hat das Partizip (PPP, PFA, PPA, Kasus, Numerus, Genus)?

(3) PPP, Nom. Sg. m

4. Worauf bezieht sich das PC?

(4) auf Marcus *(= Subjekt)*

5. Welches Zeitverhältnis liegt vor?

(5) vorzeitig

6. Übersetze den Satz ohne die Partizipkonstruktion.

(6) Markus betrat das Haus.

7. Übersetze die Partizipkonstruktion als Hauptsatz.

(7) Markus war von seiner Mutter gerufen worden.

8. Wie ist das gedankliche Verhältnis?

(8) temporal oder kausal

9. Übersetze schließlich den ganzen Satz.

(9) Markus betrat, nachdem er von seiner Mutter gerufen worden war, das Haus. → *temporal / vorzeitig, oder:* Markus betrat, da er von seiner Mutter gerufen worden war, das Haus. → *kausal / vorzeitig*

Beachte: Das gedankliche Verhältnis muss letztlich aus dem Zusammenhang erschlossen werden.

Das PC kann jedoch nicht nur durch Unterordnung, also mit einem Gliedsatz, übersetzt werden.

Gaius a Rufo interrogatus nihil respondit. – Obwohl Gaius von Rufus gefragt worden war, antwortete er nichts.
→ *konzessiver Gliedsatz*

Weitere Möglichkeiten sind die Übersetzung mit einem

- Hauptsatz (Beiordnung mit Konjunktion) oder

Gaius war von Rufus gefragt worden; **trotzdem / dennoch** antwortete er nicht.
→ *Hauptsatz mit konzessiver Konjunktion*

- präpositionalen Ausdruck (Präposition + Substantiv).

Trotz Rufus' Frage antwortete Gaius nicht.
→ *präpositionaler Ausdruck*

Die Hauptsatzkonjunktionen können sein:
- temporal: *danach, dann*
- kausal: *denn, nämlich*
- konzessiv: *trotzdem, dennoch*

Die Präpositionen sind:
- temporal: *nach, bei*
- kausal: *wegen*
- konzessiv: *trotz*

ÜBUNG 7 **Welches Partizip passt zu welchem Substantiv? Verbinde.**

carmina
consilium
sorori
puerorum
hostibus
templo

quaerenti
ridentium
aedificato
victis
captum
scripta

ÜBUNG 8 **Nimm aus jeder Wolke ein Wort und bilde sinnvolle Ausdrücke. Schreibe in dein Übungsheft.**

matrem, urbs, liber, carmina

a poeta, filium, a Marco, moenibus

lectus, circumdata, scripta, quaerentem

■ *Vokabeln:* circumdare – umgeben

ÜBUNG 9 **Welche Übersetzung passt am besten? Kreuze an und bestimme das gedankliche Verhältnis sowie das Zeitverhältnis in deinem Übungsheft.**

Tullius a patre monitus magno cum studio studet.

- Tullius lernt, da der Vater ihn ermahnt hatte, mit großem Eifer. ☐
- Obwohl der Vater ihn ermahnt, lernt Tullius mit großem Eifer. ☐
- Weil der Vater ihn ermahnt, lernt Tullius mit großem Eifer. ☐
- Während der Vater ihn ermahnt, lernt Tullius mit großem Eifer. ☐

Dominus servos bene laborantes monuit.

- Der Herr ermahnt seine Sklaven, da sie gut gearbeitet haben. ☐
- Der Herr ermahnte seine Sklaven, weil sie gut arbeiten. ☐
- Während die Sklaven gut arbeiten, ermahnt der Herr sie. ☐
- Obwohl die Sklaven gut arbeiteten, ermahnte der Herr sie. ☐

Übung 10 **Analysiere und übersetze die folgenden zwei Sätze. Gehe dabei so vor, wie auf S. 78 beschrieben. Schreibe für Satz 2 in dein Übungsheft.**

Satz 1: Daedalus in exsilium missus in Cretam insulam iit.

1. Satzteile:
2. Zugehöriges:
3. Form des Partizips:
4. Bezugswort:
5. Zeitverhältnis:
6. Übersetzung 1:
7. Übersetzung 2:
8. gedankliches Verhältnis:
9. Gesamtübersetzung:

Satz 2: Bruto oraculum interroganti responsum datum est.

■ *Vokabeln:* exsilium, -i *n* – Verbannung, oraculum, -i *n* – Orakel

Übung 11 **Wähle ein passendes Partizip aus und übersetze die Sätze in deinem Übungsheft. Probiere verschiedene Möglichkeiten aus. Achte auf Zeit- und logisches Verhältnis!**

expugnatā – absentem – expulsa – redeuntes – oppugnato – absente

Amicum etiam ______ laudamus.

Incolae ex urbe a hostibus ______ fugerunt.

Discipulos domum ______ vidi.

Wissen

Ablativus causae beim Partizip
Oft tritt zu einem PPP ein Ablativus causae (↑ Kap. 1.3), der den inneren Beweggrund angibt. Das Partizip bleibt hier meist unübersetzt.

irā incensus – „von Zorn entbrannt“ → zornentbrannt, aus Zorn
metu commotus – „von Furcht bewegt“ → angsterfüllt, aus Furcht

Üben

ÜBUNG 12 **Suche passende Übersetzungen für die folgenden Ausdrücke.**

spe adductus:

cupiditate inductus:

timore perterritus:

amore impulsus:

odio commotus:

■ *Vokabeln:* cupiditas, -atis *f* – Gier, Verlangen, odium, -i *n* – Hass

ÜBUNG 13 **Unterscheide – PC oder attributives Partizip? Übersetze die Sätze entsprechend in deinem Übungsheft.**

Oratio a Cicerone habita senatoribus placuit.
Aeneas Troiam a Graecis deletam cum patre filioque reliquit.
Pater domum magno emptam familiae monstravit.
Daedalus aedificium facere iussus labores coepit.

■ *Vokabeln:* magno emere – für viel Geld kaufen

WISSEN +

Weitere Übersetzungsmöglichkeiten
Das gedankliche Verhältnis kann beim **PPA** auch modal sein (auf die Frage „wie?"). Übersetze dann mit einem Gliedsatz, der mit „indem / dadurch dass" eingeleitet wird.

Tacentes clamant. – **Indem / dadurch dass** sie schweigen, schreien sie.

Mit dem **PFA** als PC wird oft eine Absicht oder ein Zweck ausgedrückt, das gedankliche Verhältnis wird daher final genannt.

Caesar Britanniam **expugnaturus** multas legiones paravit. – Caesar stellte viele Legionen bereit, **um** Britannien zu erobern / **in der Absicht,** Britannien zu erobern.

ÜBUNG 14 **Bestimme das logische Verhältnis und übersetze in deinem Übungsheft.**

Lucius invitatus non venit.
Hospites advenientes riserunt.
Amici Marcum visitaturi Romam adveniunt.
Cornelia osculans matrem salutavit.

■ *Vokabeln:* osculari – küssen

6.3 Der Ablativus absolutus

Der **Ablativus absolutus** (Abl. abs.) ist wie das PC eine Satzverkürzung: Er ersetzt einen adverbialen Gliedsatz. Er enthält eine adverbiale Bestimmung im Ablativ („wann?", „wie?", „warum?" etc.) und ist von keinem anderen Satzteil abhängig, er ist also „losgelöst".

Templo aedificato *(= adverbiale Bestimmung)* cives deo sacrificia fecerunt *(= Hauptaussage).*
statt: **Postquam templum aedificatum est,** cives deo sacrificia fecerunt.

In der Übersetzung kann der Ablativus absolutus ebenfalls zu einem adverbialen Gliedsatz werden. Das Partizip im Ablativ wird zum Prädikat, das Substantiv oder Pronomen im Ablativ zum Subjekt dieses Gliedsatzes.

Nachdem der Tempel erbaut (worden) war, brachten die Bürger dem Gott Opfer dar.

Zeitliches und logisches Verhältnis

Das **Zeitverhältnis** zwischen den beiden Sätzen, das durch das jeweilige Partizip ausgedrückt wird, musst du auch bei der Übersetzung berücksichtigen:

- PPA → gleichzeitig
- PPP → vorzeitig
- PFA → nachzeitig

Achtung: Die Partizipien stellen *keine* Zeitstufe dar, sondern bezeichnen nur das Zeitverhältnis zum Prädikat!

Hostibus **victis** *(PPP)* Romani laeti fuerunt. – Nachdem die Feinde besiegt waren, waren die Römer froh. → *vorzeitige Handlung*
Sole **occidente** *(PPA)* domum ii. – Als die Sonne unterging, ging ich nach Hause. → *gleichzeitige Handlung*
Convivis **intraturis** *(PFA)* pater servos vocavit. – Als die Gäste eintreten wollten / im Begriff waren einzutreten, rief der Vater die Sklaven. → *nachzeitige Handlung*

Wie beim PC musst du auch das **gedankliche Verhältnis** zwischen den beiden Sätzen beachten. Es kann temporal (Zeit), kausal (Grund), konzessiv (Gegengrund) oder modal (Mittel) sein. Was am besten passt, musst du wiederum aus dem Zusammenhang erschließen.

Die Konjunktionen im Überblick:

- temporal: *als, nachdem, während*
- kausal: *da, weil*
- konzessiv: *auch wenn, obwohl*
- modal: *indem, dadurch dass*

Templo aedificato cives deo sacrificia fecerunt.
Obwohl der Tempel erbaut (worden) war, brachten die Bürger dem Gott Opfer dar. → *konzessiv, hier nicht sinnvoll*
Da der Tempel erbaut (worden) war, brachten die Bürger dem Gott Opfer dar. → *kausal, möglich: Die Bürger weihen den neuen Tempel mit Opfern ein.*
Nachdem der Tempel erbaut (worden) war, brachten die Bürger dem Gott Opfer dar. → *temporal, sinnvolle Übersetzung*

Die Übersetzung

Beim Ablativus absolutus gehst du genauso vor wie beim PC (↑ Kap. 6.2): **1.** Verschaffe dir erst einmal einen Überblick über den Satz. **2.** Was gehört noch zur Partizipkonstruktion? **3.** Welche Form hat das Partizip? **4.** Worauf bezieht sich das Partizip? **5.** Welches Zeitverhältnis liegt vor? **6.** Übersetze den Satz ohne die Partizipkonstruktion. **7.** Übersetze die Partizipkonstruktion als Hauptsatz. **8.** Wie ist das gedankliche Verhältnis? **9.** Übersetze schließlich den ganzen Satz.	Sacrificiis factis pontifex templum intravit. (1) *Prädikat:* intravit, *Subjekt:* pontifex, *Akkusativobjekt:* templum, *Partizip:* factis, *außerdem:* sacrificiis: *Dat. oder Abl. Pl. n (Satzfunktion? → Ablativus absolutus?)* (2) keine weiteren Bestandteile (3) PPP, Dat. oder Abl. Pl. m / f / n (4) auf sacrificiis (5) vorzeitig (6) Der Priester betrat den Tempel. (7) Die Opfer waren dargebracht worden. (8) temporal (9) Nachdem die Opfer dargebracht (worden) waren, betrat der Priester den Tempel.
Den Ablativus absolutus kannst du mit einem Hauptsatz oder einem präpositionalen Ausdruck übersetzen. Die Hauptsatzkonjunktionen: ■ temporal: *danach, daraufhin* ■ kausal: *denn, nämlich* ■ konzessiv: *trotzdem, dennoch* ■ modal: *(und) dadurch* Die Präpositionen: ■ temporal: *nach, bei* ■ kausal: *wegen, aufgrund* ■ konzessiv: *trotz* ■ modal: *durch* *Tipp:* Bei einem Ablativus absolutus im Passiv – also mit PPP – ist oft der eigentlich Handelnde aus dem Zusammenhang klar, aber nicht erwähnt. Wenn die handelnde Person gleichzeitig Subjekt des Hauptsatzes ist, übersetze mit **Aktiv.**	Troia a Graecis deleta incolae fugerunt. – Nachdem Troja von den Griechen zerstört (worden) war, flohen die Einwohner. → *temporaler Gliedsatz* Troja wurde von den Griechen zerstört. **Daraufhin** flohen die Einwohner. → *Hauptsatz mit temporaler Konjunktion* **Nach der Zerstörung** Trojas durch die Griechen flohen die Einwohner. → *präpositionaler Ausdruck* Troia deleta Graeci in Graeciam redierunt. – Nachdem **die Griechen Troja zerstört hatten,** kehrten sie nach Griechenland zurück.
PC ↔ **Ablativus absolutus** PC: Substantiv und Partizip stehen in einem **beliebigen Kasus.** Das Bezugswort hat eine Satzgliedfunktion. Ablativus absolutus: Substantiv und Partizip stehen im **Ablativ.** Das Bezugswort hat **keine** Satzfunktion (ist „losgelöst“).	Romani **gladiatores** fortiter **pugnantes** spectaverunt. – Die Römer sahen den Gladiatoren, während sie tapfer kämpften, zu. → *PC, Bezugswort ist Akkusativobjekt* Romani **gladiatoribus pugnantibus** clamaverunt. – Während die Gladiatoren kämpften, schrien die Römer. → *Abl. abs., Bezugswort hat keine Satzfunktion*

ÜBUNG 15 **Welches Wort kann kein Bestandteil eines Ablativus absolutus sein? Unterstreiche es und bestimme die Form.**

1. auditis – accepto – clausa – narrati – amante
2. Cicerone – Marce – consule – imperatore – Publio
3. urbis – templis – oppidis – tabernis – circo
4. nobis – me – vos – illa – te – eis
5. dormientibus – capto – fugiente – petenti – aedificata

ÜBUNG 16 **Bilde sinnvolle Ablativus-absolutus-Paare.**

servo, hostibus, arbore, domibus, consulibus, gladiatoribus, urbe

creatis, condita, victis, caesa, aedificatis, pugnantibus, laborante

ÜBUNG 17 **Bilde zu den rot markierten Bezugsworten die passende Partizipform.**

Consulibus de salute rei publicae ______ (disputans) Catilina coniurationem fecit.

Multis verbis ______ (auditus) senatores curiam relinquunt.

His rebus ______ (factus) Caesar profectus est.

Me ______ (clamans) amici non audiunt.

Gladiatoribus diu ______ (pugnans) populus valde delectatur.

■ *Vokabeln:* coniuratio, -onis *f* – Verschwörung, proficisci – aufbrechen

ÜBUNG 18 **Analysiere und übersetze die ersten drei Sätze aus Übung 17. Schreibe Satz 2 und 3 in dein Übungsheft.**

1. Satzteile:
2. Zugehöriges:
3. Form des Partizips:
4. Bezugswort:
5. Zeitverhältnis:
6. Übersetzung 1:
7. Übersetzung 2:
8. gedankliches Verhältnis:
9. Gesamtübersetzung:

ÜBUNG 19 **Welche Übersetzung ist sinnvoll? Kreuze an, bestimme das gedankliche Verhältnis und schreibe in dein Übungsheft. Achtung: Einmal gibt es zwei Möglichkeiten!**

Matre monente liberi non student.

Da die Mutter die Kinder ermahnt, lernen sie nicht. ☐

Trotz Ermahnung der Mutter lernen die Kinder nicht. ☐

Die Mutter ermahnt die Kinder, und dadurch lernen sie nicht. ☐

Coniuratione facta Catilina accusatus est.

Catilina hatte eine Verschwörung angezettelt. Daraufhin wurde er angeklagt. ☐

Aufgrund einer Verschwörung wurde Catilina angeklagt. ☐

Trotz Planung einer Verschwörung wurde Catilina angeklagt. ☐

Publio domum redeunte omnes incolae urbis iam dormiverunt.

Obwohl Publius nach Hause kam, schliefen alle Einwohner der Stadt schon. ☐

Alle Einwohner der Stadt schliefen schon, als Publius nach Hause kam. ☐

Nachdem Publius nach Hause gekommen war, schliefen alle Einwohner der Stadt schon. ☐

WISSEN +

Ablativus absolutus ohne Partizip
Da es im Lateinischen kein Partizip von *esse* gibt, finden sich manchmal anstelle eines Substantivs mit Partizip zwei Substantive, ein Substantiv mit Adjektiv oder ein Pronomen mit Adjektiv oder Substantiv im Ablativ nebeneinander: ein Sonderfall des Ablativus absolutus. Diese Ausdrücke lernst du am besten auswendig.

Tarquinio rege – „als Tarquinius König war" → unter der Regierung des Tarquinius
Cicerone consule – unter dem Konsulat Ciceros
me invito – gegen meinen Willen
nobis ignaris – ohne unser Wissen
Caesare duce – unter Caesars Führung
Augusto vivo / mortuo – zu Lebzeiten / nach dem Tod des Augustus

ÜBUNG 20 **Bilde sinnvolle Ablativi absoluti.**

uxore
Ovidio
civibus
parentibus
Amulio
Pompeio
avo

consule
mortuo
ignaris
rege
vivo
invitis
invita

ÜBUNG 21 **Setze den passenden Ablativus absolutus ein. Übersetze dann den ganzen Satz in deinem Übungsheft.**

Cicerone consule – Hannibale duce – Patre ignaro –
Magistro invito – Caesare duce

_______________ Romani Galliam expugnaverunt.
_______________ liberi in scholam non ierunt.
_______________ Catilina coniurationem fecit.
_______________ Carthaginienses Romanos aggressi sunt.
_______________ discipuli semper rident.

■ *Vokabeln:* aggredi, aggredior, aggressus sum – angreifen

ÜBUNG 22 **Kreuze an, ob die folgenden Aussagen wahr (w) oder falsch (f) sind.**

	w	f
1. Der Ablativus absolutus ist eine Infinitivkonstruktion.	☐	☐
2. Das Partizip im Ablativus absolutus kann ein PPP, PPA oder PFA sein.	☐	☐
3. Ein Ablativus absolutus besteht immer aus Substantiv und Partizip.	☐	☐
4. Die Übersetzung eines Ablativus absolutus erfolgt durch einen adverbialen Gliedsatz, einen Hauptsatz oder durch einen präpositionalen Ausdruck.	☐	☐
5. Die Partiziphandlung kann vorzeitig, gleichzeitig oder nachzeitig zur Hauptaussage sein.	☐	☐
6. Die Partiziphandlung wird immer mit Passiv übersetzt.	☐	☐

ÜBUNG 23 **Fertige verschiedene sinnvolle Übersetzungen an. Probiere jeweils mindestens zwei Möglichkeiten aus.**

Hic verbis dictis omnes tacuerunt.

Magno periculo imminente incolae animo non defecerunt.

Troia deleta Aeneas in Italiam advenit.

Epistula patris accepta Publius valde gaudet.

Hannibale in Africam redeunte Romani laeti sunt.

■ *Vokabeln:* imminere – bevorstehen, drohen

Klassenarbeit 1

60 Minuten

AUFGABE 1 **Dekliniere das erste Wortpaar. Schreibe dann in dein Übungsheft.**

urbs oppugnata – magister laudans – avus visitaturus

	Singular	Plural
Nom.	urbs oppugnata	
Gen.		
Dat.		
Akk.		
Abl.		

AUFGABE 2 **Bilde aus den Substantiven und Partizipien im Nominativ sinnvolle Ablativi absoluti. Achte dabei auf die Kongruenz!**

milites, res, Catilina, templum, verba, Caesar

victus, dux, factus, dictus, aedificatus, damnatus

AUFGABE 3 **Übersetze die folgenden Sätze.**

Hostes timore adducti ex urbe fugerunt.

Poeta amore inductus versus fecit.

Troiani spe impulsi Troiam relinquunt et in Italiam proficiscuntur.

■ *Vokabeln:* versus, -us *m* – Vers, proficisci – aufbrechen

TESTEN

AUFGABE 4 **Lies den folgenden Text und markiere alle Partizipien.**

Romulus et Remus, nepotes Numitoris regis, urbem novam condere cupiverunt. Regni autem cupiditate impulsi inter se certaverunt; postremo constituerunt auspicio controversiam componere. Sed auguriis ambiguis acceptis alii Remum, alii Romulum regem salutaverunt. Paulo post Romulus murorum fundamenta iam posuit, cum Remus inceptum illudens fratrem derisit. Romulus autem exclamavit: „Nemini hos muros transilire licebit!" Remus verba fratris neglegens tamen murum transiluit. Tum Romulus ira incensus fratrem interfecit; sed fratre interfecto maxime doluit. Denique urbs ex nomine Romuli Roma nominata est.

- *Vokabeln:* nepos, -otis *m* – Enkel, cupiditas, -atis *f* – Gier, auspicium, -i *n* – Vogelschau, controversiam componere – Streit beilegen, augurium, -i *n* – Vogelzeichen, ambiguus, -a, -um – zweideutig, inceptum, -i *n* – Vorhaben, illudere – verspotten, deridere – verspotten, transilire – springen über

AUFGABE 5 **Beantworte die Fragen zum Text (s. Aufgabe 4) in deinem Übungsheft.**

1. Wie viele PC, wie viele Ablativi absoluti hast du gefunden?
2. Wie lauten die Bezugswörter der PC?
3. Hast du andere Partizipien gefunden? Wie sind sie verwendet?

AUFGABE 6 **Welche Übersetzung(en) sind richtig? Kreuze an. Bestimme Zeit- und gedankliches Verhältnis in deinem Übungsheft.**

Auguriis ambiguis acceptis alii Remum, alii Romulum regem salutaverunt.

Da man zweideutige Vogelzeichen erhalten hatte, begrüßten die einen Remus, die anderen Romulus als König. ☐

Trotz Erhalts von zweideutigen Vogelzeichen begrüßten die einen Remus, die anderen Romulus als König. ☐

Nach Erhalt von zweideutigen Vogelzeichen begrüßten die einen Remus, die anderen Romulus als König. ☐

Remus verba fratris neglegens tamen murum transiluit.

Remus sprang trotzdem über die Mauer, indem er die Worte seines Bruders nicht beachtete. ☐

Obwohl er die Worte seines Bruders nicht beachtete, sprang Remus trotzdem über die Mauer. ☐

Remus sprang trotzdem über die Mauer, nachdem er die Worte seines Bruders nicht beachtet hatte. ☐

AUFGABE 7 **Übersetze den Text aus Aufgabe 4 in deinem Übungsheft.**

Klassenarbeit 2

45 Minuten

AUFGABE 8 **Welches Partizip passt zu welchem Substantiv? Verbinde. Achte dabei auf die Kongruenz.**

equo	defensuri
cives	condita
exercitus	studentes
urbe	habitam
orationem	currente
discipulos	victurus

AUFGABE 9 **Nimm aus jedem Kasten ein Wort und bilde sinnvolle Ablativi absoluti. Übersetze sie. Schreibe in dein Übungsheft.**
Beispiel: consules / a senatu / creati → consulibus a senatu creatis – nachdem die Konsuln vom Senat gewählt worden sind / waren

~~consules~~	a Romulo	interfectus
labores	a consulibus	aedificata
res publica	a civibus	confecti
tyrannus	a servis	~~creati~~
urbs	~~a senatu~~	servata

AUFGABE 10 **Übersetze die folgenden Sätze mit attributivem Partizip.**

Homini verum dicenti facile cedo.

Caesar hostibus superatis pepercit.

Senatus Carthaginiensium Hannibalem ad exercitum in Hispania pugnantem misit.

Catoni odio sunt homines officia neglegentes.

■ *Vokabeln:* Hispania, -ae *f* – Spanien

AUFGABE 11 **Welcher Satz entspricht der Übersetzung? Kreuze an. Bestimme Form des Partizips, Art der Partizipialkonstruktion sowie Zeit- und gedankliches Verhältnis. Schreibe in dein Übungsheft.**

Markus umtönt enormes Geschrei, da er über einem Bad wohnt.

Marcum supra balneum habitantem clamor ingens circumsonat. ☐
Marcum supra balneum habitaturum clamor ingens circumsonat. ☐

Er hört das Ächzen der Männer, während sie trainieren, und das Geschrei der Jungen, wenn sie im Begriff sind, ins Schwimmbecken zu springen.

Gemitus virorum corpus exercentium clamoremque puerorum in piscinam salturorum audit. ☐
Gemitus virorum corpus exerciturorum et clamorem puerorum in piscinam salientium audit. ☐

Gebildete Männer pflegen, nachdem sie das Schwimmbecken verlassen haben, in der Bibliothek Bücher zu lesen.

Piscina relinquente viri eruditi in bibliotheca libros legere solent. ☐
Piscina relicta viri eruditi in bibliotheca libros legere solent. ☐

■ *Vokabeln:* balneum, -i *n* – öffentliches Bad, circumsonare – umtönen, umtosen, gemitus, -us *m* – Ächzen, Stöhnen, piscina, -ae *f* – Schwimmbecken, salire, salio, salui, saltum – springen

AUFGABE 12 **Ergänze die fehlenden Endungen in den Ablativi absoluti und übersetze die Sätze.**

Milites oppidum paucis defenden___ expugnare non potuerunt.

Ubii legatos ad Caesarem mitt___ auxilium petiverunt.

Cicerone consul___ Catilina coniurationem fecit.

Cives Ciceroni gratias agunt re publica maximis periculis libera___.

7 Der Konjunktiv

7.1 Die Bildung des Konjunktivs

Das Verb hat drei verschiedene **Modi** (Aussageweisen): ■ den **Indikativ** für Tatsachen und Reales, ■ den **Imperativ** für Befehle und ■ den **Konjunktiv**, der anzeigen kann, dass es sich um einen Gliedsatz handelt (↑ Kap. 7.3), aber auch Nichtwirkliches wie z. B. Wünsche bezeichnen kann (↑ Kap. 7.2). Alle Konjunktivformen findest du im Überblick in Kap. 7.4.	*Indikativ:* Domum **eo.** – Ich gehe nach Hause. → *Tatsache, Realität* *Imperativ:* Domum **ite!** – Geht nach Hause! → *Befehl* *Konjunktiv:* **Valeatis** semper! – Möge es euch immer gut gehen! → *Wunsch*
Für den **Konjunktiv Präsens** der ā-Konjugation wird das *-a-* des Stamms durch ein *-e-* ersetzt. Bei allen anderen Konjugationen ist ein *-a-* an den Stamm angefügt. Die Personalendungen lauten wie im Indikativ (außer 1. Ps. Sg. *-m*). *Beachte:* Verwechslungsgefahr! 1. Ps. Sg. Konjunktiv Präsens = 1. Ps. Sg. Futur I (außer ā- und ē-Konjugation).	voc**em** – ich möge rufen mone**at** – er / sie / es möge ermahnen capi**atis** – ihr mögt fassen voc**er** – ich möge gerufen werden audi**amur** – wir mögen gehört werden reg**antur** – sie mögen gelenkt werden audi**am** – ich möge / werde hören reg**am** – ich möge / werde lenken
Die Bildung des **Konjunktivs Imperfekt** ist ganz leicht: An den Infinitiv Präsens Aktiv werden die entsprechenden Aktiv- bzw. Passivendungen gehängt.	voca**rem** – ich würde rufen mone**res** – du würdest ermahnen cape**remus** – wir würden fassen audi**retur** – er würde gehört werden rege**rentur** – sie würden gelenkt werden
Die Formen des **Konjunktivs Perfekt Aktiv** sind bis auf die 1. Ps. Sg. identisch mit denen des Futur II (Kennsilbe *-eri-*). Das Passiv wird mit dem PPP und dem Konjunktiv Präsens von *esse* gebildet.	vocav**erim** – ich möge gerufen haben monu**eris** – du mögest ermahnt haben vocat**us, -a, -um sim** – ich möge gerufen worden sein monit**i, -ae, -a sint** – sie mögen ermahnt worden sein
Für den **Konjunktiv Plusquamperfekt Aktiv** werden an den Perfektstamm sowohl *-isse-* (= Infinitiv Perfekt Aktiv) als auch die Personalendungen angefügt. Das Passiv wird mit dem PPP und dem Konjunktiv Imperfekt von *esse* gebildet.	vocav**issem** – ich hätte gerufen monu**isset** – er hätte ermahnt vocat**us, -a, -um essem** – ich wäre gerufen worden monit**i, -ae, -a essent** – sie wären ermahnt worden

Unregelmäßige Verben

Die Formen des Konjunktivs Präsens von ***esse*** werden vom Stamm *si-* gebildet. Der Konjunktiv Imperfekt entspricht dem Bildungsmuster der regelmäßigen Verben: Inf. Präsens + Personalendungen. Konjunktiv Perfekt und Plusquamperfekt werden regelmäßig vom Perfektstamm *fu-* gebildet.	*Präsens:* sim, sīs, sit, sīmus, sītis, sint *Imperfekt:* essem, essēs, esset ... essent *Perfekt:* fuerim, fueris, fuerit ... fuerint *Plusquamperfekt:* fuissem, fuissēs, fuisset ... fuissent
Das Verb ***velle*** bildet den Konjunktiv Präsens von einem Stamm *vel-*. Die Verben ***mālle*** und ***nōlle*** vom Stamm *māl-* bzw. *nōl-*. Zwischen Stamm und Personalendung wird ein *-i-* eingefügt. Der Konjunktiv Imperfekt hat regelmäßig gebildete Formen: Infinitiv Präsens + Personalendung. Konjunktiv Perfekt und Plusquamperfekt sind wie bei den regelmäßigen Verben vom Perfektstamm *(volu-, nōlu-, mālu-)* gebildet.	*Präsens:* velim, velīs, velit ... velint nōlim, nōlīs, nōlit ... nōlint mālim, mālīs, mālit ... mālint *Imperfekt:* vellem, vellēs, vellet ... vellent nōllem, nōllēs, nōllet ... nōllent māllem, māllēs, māllet ... māllent *Perfekt:* voluerim, nōlueris, māluerit *usw.* *Plusquamperfekt:* voluissem, nōluissēs, māluisset *usw.*
Der Konjunktiv Präsens von ***īre*** bildet sich von dem Stamm *e-*, an den *-a-* + die Endungen gehängt werden. Der Konjunktiv Imperfekt ergibt sich aus Infinitiv Präsens + Personalendungen. Der Konjunktiv Perfekt wird vom Perfektstamm *i-* regelmäßig gebildet, ebenso der Konjunktiv Plusquamperfekt vom Infinitiv Perfekt *īsse*.	*Präsens:* eam, eās, eat ... eant *Imperfekt:* īrem, īrēs, īret ... īrent *Perfekt:* ierim, ieris, ierit ... ierint *Plusquamperfekt:* īssem, īssēs, īsset ... īssent
Im Konjunktiv Präsens von ***ferre*** werden an den Stamm *fer-* *-a-* + die aktiven bzw. passiven Personalendungen gehängt. Der Konjunktiv Imperfekt hat regelmäßig gebildete Formen: *ferre-* + Personalendung. Für den Konjunktiv Perfekt und Plusquamperfekt Aktiv werden an den Perfektstamm *tul-* die jeweiligen Endungen gehängt. Das Passiv setzt sich aus dem PPP *lātus, -a, -um* und dem Konjunktiv Präsens bzw. Imperfekt von *esse* zusammen.	*Präsens* *Aktiv:* feram, ferās, ferat ... ferant *Passiv:* ferar, ferāris, ferātur ... ferantur *Imperfekt* *Aktiv:* ferrem, ferrēs, ferret ... ferrent *Passiv:* ferrer, ferrēris, ferrētur ... ferrentur *Perfekt* *Aktiv:* tulerim, tuleris, tulerit ... tulerint *Passiv:* lātus, -a, -um sim ... lātī, -ae, -a sint *Plusquamperfekt* *Aktiv:* tulissem, tulissēs, tulisset ... tulissent *Passiv:* lātus, -a, -um essem ... lātī, -ae, -a essent

ÜBUNG 1 **Welche Formen sind Konjunktiv Präsens? Untersteiche.**

rideatis – occurrit – accedat – inducis – adiungamus – intellegimus – appellamus – narres – placet – oremus – imperat

ÜBUNG 2 **Konjunktiv Präsens oder Futur I? Ordne zu.**

audiamus – ignoscent – simus – faciat – defendant – venies – feretis – eris – feramus – facies

Konjunktiv Präsens	Futur I

ÜBUNG 3 **Setze die folgenden Indikativformen in den Konjunktiv.**

occupamur →	parabas →
movet →	disputantur →
ibant →	convenitis →
corripiebam →	interficitur →
portabantur →	crescimus →
dabatur →	animadvertitis →
occultabamus →	eunt →

ÜBEN

ÜBUNG 4 Konjunktiv Perfekt, Futur II oder beides? Kreuze an.

	Konjunktiv Perfekt	Futur II	beides
apportaveris	☐	☐	☐
fuerim	☐	☐	☐
tulerimus	☐	☐	☐
clamaverit	☐	☐	☐
gesseritis	☐	☐	☐
fuero	☐	☐	☐
habitaverim	☐	☐	☐

ÜBUNG 5 Fülle die Wortschlange mit den Formen von *ferre:* Bilde von der jeweils vorhergehenden Form die als nächstes geforderte und schreibe sie in die Lücken.

fero 1. Sg. Ind. Präs.	3. Pl.	Pass.	Konj.
Perf.	Akt.	Imperf.	2. Sg.
Ind.	2. Pl.	Plusqu.	Konj.
Präs.	1. Sg.	Pass.	

ÜBUNG 6 Setze in den Konjunktiv bzw. Indikativ.

nolueram:	volebas:
maluissent:	es:
velim:	noluimus:
fuisses:	ieramus:
fuit:	eas:
ibatis:	fuerant:

7.2 Der Konjunktiv im Hauptsatz

Der Konjunktiv im Aussagesatz

Um eine Aussage nicht als Tatsache, sondern als **möglich** (Gegenwart) darzustellen, wird der Konjunktiv Präsens oder der Konjunktiv Perfekt verwendet. Wenn etwas möglich gewesen wäre (Vergangenheit), steht der Konjunktiv Imperfekt. Der Konjunktiv heißt in dieser Funktion **Potentialis** der Gegenwart bzw. Vergangenheit. Im Deutschen gibst du ihn am besten mit „könnte / dürfte / sollte" bzw. „hätte ... können / dürfen / sollen" wieder. Oft ist die 2. Ps. Sg. mit „man" zu übersetzen.	Hoc **dicat / dixerit** aliquis. – Das könnte einer sagen. Aliquis de ea re **dubitet / dubitaverit.** – Es könnte jemand daran zweifeln. Heri in foro multos homines **videres.** – Gestern hättest du / hätte man viele Menschen auf dem Forum sehen können. Id non **crederes.** – Das hättest du / hätte man nicht glauben können.
Irrealis wird der Konjunktiv in einem Behauptungssatz genannt, der eine Tatsache als **nicht wirklich** darstellt. Im Lateinischen steht - der Konjunktiv Imperfekt für den Irrealis der Gegenwart, - der Konjunktiv Plusquamperfekt für den Irrealis der Vergangenheit. In der Übersetzung verwendest du entsprechend den Konjunktiv II der Gegenwart oder der Vergangenheit. Oft steht der Irrealis in einem konditionalen Satzgefüge (↑ Kap. 8.2).	Sine pecunia feliciores **essetis.** – Ohne Geld wärt ihr glücklicher. Ita feliciores **fuissent.** – So wären sie glücklicher gewesen. Si **tacuisses,** philosophus **mansisses.** – Wenn du geschwiegen hättest, wärst du Philosoph geblieben.

Der Konjunktiv im Fragesatz

Der Konjunktiv im Fragesatz kann einen **Zweifel** oder eine **Überlegung** ausdrücken und heißt dann **Deliberativ.** Der Konjunktiv Präsens steht für die Gegenwart, der Konjunktiv Imperfekt für die Vergangenheit.	Quid **faciamus? Maneamus?** – Was sollen wir tun? Sollen wir bleiben? Quid **facerem? Manerem?** – Was hätte ich tun sollen? Hätte ich bleiben sollen?
Im Fragesatz kann der Konjunktiv sowohl als Potentialis als auch als Irrealis verwendet werden.	Quis de ea re **dubitaverit / dubitaret?** – Wer wollte daran zweifeln / hätte daran gezweifelt? Num **desperavisses** sine me? – Wärest du etwa ohne mich verzweifelt?

Der Konjunktiv im Aufforderungssatz

Um Befehle oder Aufforderungen zu formulieren, hat das Lateinische mehrere Möglichkeiten, die von der Person des Angesprochenen abhängen:	
▪ Befehle an die 2. Person werden mit dem **Imperativ** ausgedrückt.	Dic! – Sprich! Ite! – Geht!
▪ Verneinte Befehle, also Verbote, werden mit den Imperativen von *nolle* und Infinitiv Präsens (↑ Kap. 4.3) oder mit *ne* und Konjunktiv Perfekt ausgedrückt. Hier heißt der Konjunktiv **Prohibitiv.**	**Noli** dicere! – Sprich nicht! **Nolite** venire! – Kommt nicht! Ne **dixeris!** – Sprich nicht! Ne **veneritis!** – Kommt nicht!
▪ Die Verneinung kann auch mit *nihil, numquam* usw. erfolgen.	**Nihil** timueris! – Fürchte nichts!
Aufforderungen an die 3. Person werden jedoch mit dem Konjunktiv Präsens formuliert, der in dieser Funktion **Iussiv** heißt. Verneint wird er mit *ne, nihil* usw.	**Dicat!** – Er / sie soll sprechen! **Eant!** – Sie sollen gehen! **Ne** eant! – Sie sollen nicht gehen! **Nihil** dicat! – Er soll nichts sagen!
Aufforderungen an die 1. Person Plural stehen ebenfalls im Konjunktiv Präsens; er wird dann **Adhortativ** genannt. Die Verneinung geschieht ebenfalls mit *ne, nihil* u. Ä.	**Eamus!** – Lasst uns gehen! **Ne** desperamus! – Wir wollen nicht verzweifeln! **Nihil** dicamus! – Lasst uns / Wir wollen nichts sagen!

Der Konjunktiv im Wunschsatz

Der Konjunktiv im Wunschsatz heißt **Optativ.** Ist der Wunsch **erfüllbar,** steht ▪ der Konjunktiv Präsens für die Gegenwart, ▪ der Konjunktiv Perfekt für die Vergangenheit.	**Valeatis!** – Möge es euch gut gehen! / Hoffentlich geht es euch gut! Utinam pater iam **advenerit!** – Hoffentlich ist der Vater schon angekommen!
Oft wird der Wunsch mit *utinam* oder *velim* eingeleitet. Übersetze mit „mögen" oder „hoffentlich".	Velim **taceat!** – Hoffentlich schweigt er!
Utinam ne oder *nolim* verneinen einen erfüllbaren Wunsch.	**Utinam ne** pater iam redierit! – Hoffentlich ist der Vater noch nicht zurückgekommen!
Zum Ausdruck eines **unerfüllbaren** Wunsches steht für die Gegenwart der Konjunktiv Imperfekt, für die Vergangenheit der Konjunktiv Plusquamperfekt. Als Einleitung finden sich oft *utinam* oder *vellem.* Übersetze mit „wenn doch" und Konjunktiv II. Verneint wird mit *utinam ne* oder *nollem.*	Utinam id **faceres!** – Wenn du das doch tun würdest! *(aber ich weiß, dass du es nicht tun wirst)* Vellem id **fecisses!** – Hättest du das doch getan! / Wenn du das doch getan hättest! *(aber du hast es nicht getan)* **Nollem** veniret! – Wenn er doch nicht käme!

ÜBUNG 7 **Verbinde die lateinischen Sätze mit der richtigen Übersetzung.**

1. Hoc non intellegas.	Wer könnte das glauben?
2. Multa diceres.	Ihr hättet wohl nicht glauben können, dass ich glücklich bin.
3. Sine me non valeres.	Du hättest daran gezweifelt.
4. Quis hoc credat?	Ohne mich ginge es dir nicht gut.
5. Non putaretis me felicem esse.	Das dürftest du wohl nicht verstehen.
6. De ea re dubitavisses.	Man hätte vieles sagen können.

ÜBUNG 8 **Bestimme in den Sätzen aus Übung 7 die Funktion des Konjunktivs.**

1. ______ 2. ______

3. ______ 4. ______

5. ______ 6. ______

ÜBUNG 9 **Welche Funktionen kann der Konjunktiv Präsens haben? Setze ein.**

Zweifeln – Befehle – 3. Person – erfüllbar – Prohibitiv – Adhortativ – Iussiv – 1. Person Plural – Möglichkeit – Potentialis – Dubitativ

Der Konjunktiv Präsens kann eine ______ in der Gegenwart ausdrücken, er heißt dann ______. Ohne Bedeutungsunterschied steht auch der Konjunktiv Perfekt. Der Konjunktiv Perfekt wird ebenfalls für verneinte ______, also Verbote, verwendet. Er wird in dieser Funktion ______ genannt. In Fragen kann der Konjunktiv Präsens als ______ ein ______ oder Abwägen bedeuten. Steht der Konjunktiv Präsens in Aufforderungen an die ______, nennt man ihn ______, in solchen an die ______ heißt er ______. Im Wunschsatz bedeutet der Konjunktiv Präsens, dass der Wunsch ______ ist.

ÜBEN

ÜBUNG 10 **Bilde aus den Aussagesätzen Aufforderungen. Achtung bei der Verneinung!**

Imus. →

Dicit. →

Ex urbe fugimus. →

Alter alteri non invidet. →

Non venit. →

■ *Vokabeln:* alter, -era, -erum – der eine, der andere, invidere – beneiden

ÜBUNG 11 **Bilde aus den verneinten Imperativen Prohibitive.**

Noli tacere! →

Nolite dubitare! →

Noli aliquid scribere! →

Nolite me exspectare! →

ÜBUNG 12 **Ist der Wunsch erfüllbar oder nicht erfüllbar? Gilt er für die Gegenwart oder die Vergangenheit? Kreuze an. Übersetze anschließend in deinem Übungsheft.**

	erfüllbar		unerfüllbar	
	Gegenwart	Vergangenheit	Gegenwart	Vergangenheit
Velim litteras scribas!	☐	☐	☐	☐
Vellem maneretis!	☐	☐	☐	☐
Utinam amici mox venerint!	☐	☐	☐	☐
Utinam hoc verum esset!	☐	☐	☐	☐
Vellem magister domi mansisset!	☐	☐	☐	☐

7.3 Der Konjunktiv im Gliedsatz

Der Konjunktiv wird dir in einem Gliedsatz sehr viel häufiger als im Hauptsatz begegnen. In der größten Gruppe von Gliedsätzen, den **Adverbialsätzen,** steht er nach bestimmten Subjunktionen: in Temporal-, Konditional-, Konsekutiv-, Final- und Kausalsätzen u.a.
Zu Verwendung des Konjunktivs in diesen Gliedsätzen ↑ Kap. 8.

Mittuntur, **ut** auxilium **rogent.** – Sie werden geschickt, damit sie um Hilfe bitten. → *Finalsatz*

Cum mihi **adfuisses,** servatus sum. – **Da** du mir geholfen hattest, wurde ich gerettet. → *Kausalsatz*

Der Konjunktiv kommt jedoch auch in anderen Gliedsatzarten zum Einsatz, z.B. in **Relativsätzen,** in denen normalerweise der Indikativ steht. Hier drückt der Konjunktiv einen **Nebensinn** aus: Er zeigt an, dass der Relativsatz in einem bestimmten Sinnverhältnis zum Hauptsatz steht.
Dieses Sinnverhältnis musst du in der Übersetzung berücksichtigen, entweder durch kleine Wörtchen wie „ja" oder „doch" oder durch Subjunktionen:

Nebensinn	**Funktion des Konj.**	**Übersetzung**
Grund	kausal	*der ja, weil er*
Folge	konsekutiv	*der, so dass er*
Absicht	final	*der ... sollte, damit er*
Gegengrund	konzessiv	*der doch, obwohl er*

Reus, qui innocens **sit,** non damnatur. – Der Angeklagte wird nicht verurteilt, da er unschuldig ist. → *kausal*

Gaius tam stultus est, qui hoc non **intellegat.** – Gaius ist so dumm, dass er das nicht versteht. → *konsekutiv*

Caesar misit, qui victoriam **nuntiarent.** – Caesar schickte (Leute), die den Sieg melden sollten. → *final*

Mihi invidetis, qui omnibus rebus **abundetis.** – Ihr beneidet mich, die ihr doch/obwohl ihr an allem Überfluss habt. → *konzessiv*

Tipp: Konsekutive Relativsätze kannst du – außer am Konjunktiv – auch an vorausweisenden Wörtern (*is* oder *talis – von der Art, dass*) oder an Verben im Hauptsatz erkennen, die ein Vorhandensein ausdrücken:
sunt, qui ... – es gibt Leute, die ...
nemo est, qui ... – es gibt niemanden, der ...

Orator **talis** erat, **qui** ab omnibus audiretur. – Der Redner war **von der Art, dass** ihm alle zuhörten.
Sunt, qui se omnia scire putent. – **Es gibt Leute, die** glauben alles zu wissen.
Nemo est, qui omnia sciat. – **Es gibt niemanden, der** alles weiß.

ÜBUNG 13 Erinnerst du dich noch an das Relativpronomen? Dekliniere. Schreibe den Plural in dein Übungsheft.

Sg.	m	f	n
Nom.	qui	quae	quod
Gen.			
Dat.			
Akk.			
Abl.			

ÜBUNG 14 Ersetze die Form von *is, ea, id* in Klammern mit dem Relativpronomen. Übersetze in deinem Übungsheft. Achte dabei auf den Modus im Relativsatz!

Animalia, ______ (ea) magna sunt, saepe timentur.

Gladiatorem, ______ (is) fortiter pugnet, valde admiramur.

Amicus, ______ (ei) nomen est Marcus, me iam exspectat.

Milites, ______ (eos) hostes vicissent, contempti sunt.

■ *Vokabeln:* animal, -is *n* – Tier, admirari – bewundern, contemnere – verachten

ÜBUNG 15 Übersetze in deinem Übungsheft. Beachte das jeweilige Sinnverhältnis!

Pater domum, quae magna est, emit.
Pater hanc domum, quae magna sit, emit.
Pater illam domum, quae magna sit, tamen non emit.

ÜBUNG 16 Kombiniere die Satzhälften zu sinnvollen Sätzen und übersetze in deinem Übungsheft. Achtung: Nebensinn!

Galli ad Caesarem venerunt,	qui hoc facile credat.
Sunt,	quos numquam videant.
Corneliam non vidi,	qui hoc credant.
Non es is,	qui de pace agerent.
Homines deos colunt,	quae aegrota esset.

ÜBEN

7.4 Der Konjunktiv im Überblick

Aktiv	ā-Konjugation	ē-Konjugation	ī-Konjugation	gem. Konjugation	kons. Konjugation
Präsens	vocem vocēs vocet vocēmus vocētis vocent	moneam moneās moneat moneāmus moneātis moneant	audiam audiās audiat audiāmus audiātis audiant	capiam capiās capiat capiāmus capiātis capiant	regam regās regat regāmus regātis regant
Imperfekt	vocārem vocārēs vocāret vocārēmus vocārētis vocārent	monērem monērēs monēret monērēmus monērētis monērent	audīrem audīrēs audīret audīrēmus audīrētis audīrent	caperem caperēs caperet caperēmus caperētis caperent	regerem regerēs regeret regerēmus regerētis regerent
Perfekt	vocāverim vocāveris vocāverit vocāverimus vocāveritis vocāverint	monuerim monueris monuerit monuerimus monueritis monuerint	audīverim audīveris audīverit audīverimus audīveritis audīverint	cēperim cēperis cēperit cēperimus cēperitis cēperint	rēxerim rēxeris rēxerit rēxerimus rēxeritis rēxerint
Plusquamperfekt	vocāvissem vocāvissēs vocāvisset vocāvissēmus vocāvissētis vocāvissent	monuissem monuissēs monuisset monuissēmus monuissētis monuissent	audīvissem audīvissēs audīvisset audīvissēmus audīvissētis audīvissent	cēpissem cēpissēs cēpisset cēpissēmus cēpissētis cēpissent	rēxissem rēxissēs rēxisset rēxissēmus rēxissētis rēxissent

	esse	velle	nōlle	mālle	īre	ferre Aktiv	ferre Passiv
Präsens	sim sīs sit sīmus sītis sint	velim velīs velit velīmus velītis velint	nōlim nōlīs nōlit nōlīmus nōlītis nōlint	mālim mālīs mālit mālīmus mālītis mālint	eam eās eat eāmus eātis eant	feram ferās ferat ferāmus ferātis ferant	ferar ferāris ferātur ferāmur ferāminī ferantur
Imperfekt	essem essēs esset essēmus essētis essent	vellem vellēs vellet vellēmus vellētis vellent	nōllem nōllēs nōllet nōllēmus nōllētis nōllent	māllem māllēs māllet māllēmus māllētis māllent	īrem īrēs īret īrēmus īrētis īrent	ferrem ferrēs ferret ferrēmus ferrētis ferrent	ferrer ferrēris ferrētur ferrēmur ferrēminī ferrentur

WISSEN

Passiv	ā-Konjugation	ē-Konjugation	ī-Konjugation	gem. Konjugation	kons. Konjugation
Präsens	vocer vocēris vocētur vocēmur vocēminī vocentur	monear moneāris moneātur moneāmur moneāminī moneantur	audiar audiāris audiātur audiāmur audiāminī audiantur	capiar capiāris capiātur capiāmur capiāminī capiantur	regar regāris regātur regāmur regāminī regantur
Imperfekt	vocārer vocārēris vocārētur vocārēmur vocārēminī vocārentur	monērer monērēris monērētur monērēmur monērēminī monērentur	audīrer audīrēris audīrētur audīrēmur audīrēminī audīrentur	caperer caperēris caperētur caperēmur caperēminī caperentur	regerer regerēris regerētur regerēmur regerēminī regerentur
Perfekt	vocātus sim vocātus sīs vocātus sit vocātī sīmus vocātī sītis vocātī sint	monitus sim monitus sīs monitus sit monitī sīmus monitī sītis monitī sint	audītus sim audītus sīs audītus sit audītī sīmus audītī sītis audītī sint	captus sim captus sīs captus sit captī sīmus captī sītis captī sint	rēctus sim rēctus sīs rēctus sit rēctī sīmus rēctī sītis rēctī sint
Plusquam-perfekt	vocātus essem vocātus essēs vocātus esset vocātī essēmus vocātī essētis vocātī essent	monitus essem monitus essēs monitus esset monitī essēmus monitī essētis monitī essent	audītus essem audītus essēs audītus esset audītī essēmus audītī essētis audītī essent	captus essem captus essēs captus esset captī essēmus captī essētis captī essent	rēctus essem rēctus essēs rēctus esset rēctī essēmus rēctī essētis rēctī essent

	esse	velle	nōlle	mālle	īre	ferre Aktiv	ferre Passiv
Perfekt	fuerim fueris fuerit fuerimus fueritis fuerint	voluerim volueris voluerit voluerimus volueritis voluerint	nōluerim nōlueris nōluerit nōluerimus nōlueritis nōluerint	māluerim mālueris māluerit māluerimus mālueritis māluerint	ierim ieris ierit ierimus ieritis ierint	tulerim tuleris tulerit tulerimus tuleritis tulerint	lātus sim lātus sīs lātus sit lātī sīmus lātī sītis lātī sint
Plusquam-perfekt	fuissem fuissēs fuisset fuissēmus fuissētis fuissent	voluissem voluissēs voluisset voluissēmus voluissētis voluissent	nōluissem nōluissēs nōluisset nōluissēmus nōluissētis nōluissent	māluissem māluissēs māluisset māluissēmus māluissētis māluissent	īssem īssēs īsset īssēmus īssētis īssent	tulissem tulissēs tulisset tulissēmus tulissētis tulissent	lātus essem lātus essēs lātus esset lātī essēmus lātī essētis lātī essent

Klassenarbeit 1

45 Minuten

AUFGABE 1 **Bestimme die Verbformen.**

tulerim → 1. Ps. Sg. Konj. Perf. Aktiv von *ferre – tragen*

issent →

capiamus →

crederem →

ferant →

fueris →

fecissetis →

veniam →

AUFGABE 2 **Ordne Aktiv- und Passivformen verschiedener Verben, aber derselben Person, desselben Tempus und desselben Modus einander zu.**

AUFGABE 3 **Verneine die Befehle. Achtung: Es gibt zwei Möglichkeiten!**

Appropinqua! →

Tabulas portate! →

Dic! →

Servi, portam aperite! →

Tacete, discipuli! →

TESTEN

AUFGABE 4 **Wunsch (erfüllbar oder unerfüllbar) oder Aufforderung? Kreuze an und übersetze in deinem Übungsheft.**

	Wunsch		Aufforderung
	erfüllbar	unerfüllbar	
Nollem id dixissent!	☐	☐	☐
Domum eamus!	☐	☐	☐
Velim Romam eamus!	☐	☐	☐
Omnia dicat!	☐	☐	☐
Utinam litteras scriberes!	☐	☐	☐

AUFGABE 5 **Wie muss die lateinische Verbform lauten, damit die deutsche Übersetzung dazu passt? Unterstreiche. Wie müsstest du die anderen Versionen wiedergeben? Übersetze in deinem Übungsheft.**

1. Quis se immortalem esse credit / credat? – Wer könnte wohl glauben, dass er unsterblich sei?
2. Hoc non narrarem / narravissem. – Das hätte ich nicht erzählt.
3. Sine te desperarem / desperem. – Ohne dich würde ich verzweifeln.
4. Putaretis / Putaveritis me amicum infidelem esse. – Ihr hättet wohl glauben können, dass ich ein treuloser Freund bin.

■ *Vokabeln:* immortalis, -e – unsterblich

AUFGABE 6 **Übersetze. Beachte das jeweilige Sinnverhältnis des Relativsatzes!**

Rufus non is est, qui aliis invideat.

Cornelia servae epistulam dat, quae eam ad Tullium portet.

Claudius et fratres, qui dormirent, nihil audiverunt.

Marius, qui non invitatus esset, ad cenam venit.

■ *Vokabeln:* invidere + *Dat.* – jdn. beneiden

Klassenarbeit 2

60 Minuten

AUFGABE 7 **Welches sind die Kojunktivformen? Kreuze an.**

☐ intellegat	☐ pugnaret	☐ liberabamus	☐ essem
☐ fuistis	☐ habeant	☐ rexissent	☐ sumus
☐ veniant	☐ fugiunt	☐ videris	☐ eamus
☐ ages	☐ vis	☐ censebat	☐ nolimus

AUFGABE 8 **Setze die folgenden Indikativformen in den Konjunktiv.**

salutabantur:		egeram:	
movet:		territi sunt:	
solvimus:		volo:	
reprehenderis:		ibant:	
cepistis:		fueratis:	
negas:		es:	

AUFGABE 9 **Wandle die folgenden Aussagesätze in Aufforderungen um. Wann musst du den Konjunktiv, wann den Imperativ verwenden? Übersetze.**

Ad ludos imus. →

Omnia dicit. →

Ad cenam eos invitas. →

Amicum non exspectamus. →

Dubitatis de ea re. →

TESTEN

AUFGABE 10 **Bilde zu den verneinten Imperativen die jeweils andere mögliche Form. Übersetze in deinem Übungsheft.**

Noli me tangere! → Ne me tetigeris! – Berühre mich nicht!

Ne pecuniam effuderitis! →

Noli istum ad convivium adhibere! →

Ne liberis timorem inieceris! →

Nolite Marcum in forum deducere! →

■ *Vokabeln:* effundere, -fundo, -fudi, -fusum – verschwenden, ad convivium adhibere – zum Gastmahl hinzubitten, deducere – begleiten

AUFGABE 11 **Um welche Art von Wunsch handelt es sich? Erfüllbar oder nicht erfüllbar? Bezieht er sich auf die Gegenwart oder die Vergangenheit? Bestimme und übersetze.**

Utinam pilam inveniam!

Vellem illam statuam pulchram emissem!

Utinam filius domum veniret!

Utinam amica litteras mihi miserit!

AUFGABE 12 **Setze das passende Relativpronomen ein und übersetze in deinem Übungsheft. Achtung: Nebensinn!**

quod – qui – quae – qui – cui – quos – cuius

Oppidani, ______ exercitum sociorum viderent, in spem auxilii venerunt.

Ludi, ______ omnes admirentur, mihi tamen non placent.

Augustus multos homines interfecit, ______ sibi inimici non essent.

Hannibal, ______ Romani maximo odio essent, eos superare voluit.

■ *Vokabeln:* oppidanus, -i *m* – Stadtbewohner

AUFGABE 13 **Lies den Brief und unterstreiche alle Konjunktive in Haupt- und Nebensätzen. Bestimme die Form sowie die jeweilige Funktion des Konjunktivs. Schreibe in dein Übungsheft.**

Seneca Lucilio suo salutem dicit.

Libenter cognovi te familiariter vivere cum servis tuis, qui etiam homines sint.

Hoc prudentiam tuam, hoc eruditionem decet. Multis dominis autem odio est

cum servis cenare. Servos, qui saepe eos circumstant, iubent: „Ne labra moveritis!

Semper tacete, dum ceno!“ Nocte tota ieiuni mutique perstant.

Cogita istum, quem servum tuum vocas, aeque spirare, aeque vivere, aeque mori!

Ne contempseris hominem, qui adversam fortunam, quae facile mutetur, tolerat!

Vive ergo clementer cum servis et cena cum eis, qui digni sunt!

Te diutius morari nolo. Utinam valeas!

■ *Vokabeln:* libenter Adv. – gern, mit Vergnügen, familiaris, -e – vertraut, freundschaftlich, prudentia, -ae *f* – Klugheit, eruditio, -onis *f* – Bildung, labrum, -i *n* – Lippe, ieiunus, -a, -um – nüchtern, hungrig, mutus, -a, -um – stumm, spirare – atmen, mutari – sich ändern, morari – aufhalten

AUFGABE 14 **Welche Kasusfunktion liegt bei den folgenden Ausdrücken vor? Bestimme und übersetze sie.**

multis dominis autem odio est

nocte tota

vivere clementer cum servis

AUFGABE 15 **Suche alle Sätze mit AcI aus dem Brief (s. Aufgabe 13) heraus und übersetze sie. Schreibe in dein Übungsheft.**

AUFGABE 16 **Übersetze den Brief. Schreibe in dein Übungsheft.**

TESTEN

8 Adverbialsätze

8.1 Temporalsätze

Adverbialsätze sind Gliedsätze, die eine **Adverbiale,** also eine Umstandsbestimmung zum Hauptsatz enthalten. Sie erläutern z. B., wann, unter welcher Bedingung oder wie die Handlung des Hauptsatzes abläuft.
Die Art des Adverbialsatzes kannst du oft schon an der einleitenden Subjunktion erkennen, die je nachdem den Indikativ oder Konjunktiv nach sich zieht.

Tipp: Lerne die Subjunktionen wie Vokabeln auswendig.

Wann? → Temporalsatz
Unter welcher Bedingung? → Konditionalsatz
Mit welcher Folge? → Konsekutivsatz
Zu welchem Zweck? → Finalsatz
Warum? → Kausalsatz
Trotz welcher Umstände? → Konzessivsatz
Wie? → Modalsatz

Temporalsätze enthalten eine Zeitangabe. Sie werden durch Subjunktionen eingeleitet, die angeben, ob die Gliedsatzhandlung vor, während oder nach der des Hauptsatzes geschieht.

Postquam domum redii, mater me salutavit. – **Nachdem** ich nach Hause zurückgekehrt war, begrüßte mich meine Mutter.
Dum portam aperio, canis me salutat. – **Während** ich die Tür öffne, begrüßt mich mein Hund.

Vorzeitige Temporalsätze

Subjunktionen mit **Indikativ,** die die Vorzeitigkeit angeben, sind:

- ***postquam*** *– nachdem*
- ***ubi (primum)*** *– sobald (als)*
- ***ut (primum)*** *– sobald (als)*
- ***simul(-atque, -ac)*** *– sobald (als)*

Achtung: Nach diesen Subjunktionen steht der **Indikativ Perfekt.** Die Handlung ist jedoch vorzeitig, weshalb du im Deutschen das Plusquamperfekt verwenden musst.

Mit dem **Konjunktiv** steht:

- ***cum*** *– als, nachdem* **(cum historicum)**

Postquam avus pervenit, nos salutavit. – Nachdem der Großvater angekommen war, begrüßte er uns.
Legati inimicorum, **simulatque** advenerunt, de pace egerunt. – Sobald die Gesandten der Feinde angekommen waren, verhandelten sie über den Frieden.
Dux, **ut primum** hostes vidit, milites eos aggredi iussit. – Der Heerführer befahl, sobald er die Feinde gesehen hatte, seinen Soldaten, diese anzugreifen.

Cum avus pervenisset, donum mihi dedit. – Als der Großvater angekommen war, gab er mir ein Geschenk.
Cum imperator redisset, triumphus factus est. – Nachdem der Feldherr zurückgekehrt war, wurde ein Triumphzug veranstaltet.

Gleichzeitige Temporalsätze

Die Gleichzeitigkeit von Glied- und Hauptsatzhandlung wird angegeben durch:
- *dum – während, solange (als)*

Beachte: Nach *dum* in der Bedeutung „während" steht unabhängig vom Tempus des Hauptsatzes der **Indikativ Präsens**. Im Deutschen musst du das Tempus anpassen.

Dum cenamus, amici adveniunt. – Während wir speisen, kommen die Freunde.
Dum cenamus, nolite clamare! – Solange wir speisen, schreit nicht herum!
Dum **cenamus,** amici advenerunt. – Während wir **speisten,** kamen unsere Freunde.

Ebenso leitet *cum* eine gleichzeitig ablaufende Handlung ein:
- *cum – (damals) als, wenn* **(cum temporale)**
- *cum – als (plötzlich)* **(cum inversivum)**

In diesen Bedeutungen steht *cum* mit dem Indikativ.

Cum Romae fui, amicos visitavi. – Damals, als ich in Rom war, besuchte ich meine Freunde.
Cenabamus, **cum** amici advenerunt. – Wir speisten, als (plötzlich) unsere Freunde kamen.

Gleich- oder **vorzeitig** zum Hauptsatz kann bei wiederholten Vorgängen die Handlung eines Gliedsatzes sein, der eingeleitet wird mit:
- *cum – immer wenn, sooft* **(cum iterativum)**

In dieser Bedeutung steht der Indikativ.

Cum Romae sum, valde gaudeo. – Immer wenn ich in Rom bin, freue ich mich sehr.
Romani, **cum** gladiatores fortiter pugnaverant, eos valde admirabantur. – Immer wenn die Gladiatoren tapfer gekämpft hatten, bewunderten die Römer sie sehr.

Nachzeitige Temporalsätze

Folgende Subjunktionen drücken aus, dass die Gliedsatzhandlung nach der des Hauptsatzes geschieht:
- ***antequam***, ***priusquam*** } *– ehe, bevor*
- ***dum***, ***donec*** } *– (solange) bis*

Es steht meist der Indikativ.

Beachte: Steht im Hauptsatz Futur I, wirst du im Gliedsatz Futur II finden.

Tibi semper epistulam mitto, **priusquam** te visito. – Ich schreibe dir immer einen Brief, bevor ich dich besuche.
Cicero praetor erat, **antequam** consul creatus est. – Cicero war Prätor, bevor er zum Konsul gewählt wurde.
Te exspectavi, **dum** redisti. – Ich habe auf dich gewartet, bis zu zurückkamst.

Non exspectabo, **donec** omnes advenerint. – Ich werde nicht warten, bis alle angekommen sind.

ÜBUNG 1 **Welche Subjunktion hat welche Bedeutung? Ordne je eine mögliche Bedeutung zu.**

postquam
cum
antequam
donec
ubi primum
dum

sooft
sobald
während
nachdem
bis
bevor

ÜBUNG 2 **Mit welchem Modus ist welche Bedeutung von *cum* verbunden? Wie heißt die jeweilige Funktion?**

Bedeutung	Indikativ	Konjunktiv	Funktion
als, nachdem	☐	☐	cum
als plötzlich	☐	☐	
damals als	☐	☐	
immer wenn	☐	☐	

ÜBUNG 3 **Setze die passende Subjunktion ein. Übersetze dann in deinem Übungsheft.**

donec – dum – postquam – cum

__________ incendium Romae excitatum est, Romani timore perterriti ex urbe fugerunt.

__________ aedes templaque ardent, Nero laetus incendium spectavisse dicitur.

__________ urbs incendio deleta esset, Romanis ingentes labores impositi sunt.

Incolae urbis, __________ urbs renovata est, laeti non erant.

■ *Vokabeln:* delere – zerstören, ingens, -entis – riesig, enorm, renovare – erneuern

ACHTUNG FEHLER

ÜBUNG 4 **Unterstreiche die passende Verbform. Wie musst du jeweils die Subjunktion übersetzen?**

Cicero, postquam in exsilium iit / ierat / isset, valde doluit.

postquam:

Statim ad portam currebat, ubi primum servus litteras apportavit / apportabat.

ubi primum:

Cicero, dum litteras fratris legit / lēgit / legeret, et gaudebat et maestus erat.

dum:

Cum litteras mulieris acceperit / accepit / acceperat, lacrimas fudit.

cum:

Cum Cicero Romam redit / redierat / redisset, multitudo hominum eum celebravit.

cum:

■ *Vokabeln:* exsilium, -i *n* – Verbannung, Exil, litterae, -arum *f* – Brief, maestus, -a, -um – traurig, fundere – vergießen

ÜBUNG 5 **Bilde sinnvolle Satzgefüge, indem du den zweiten Satz mithilfe der Subjunktionen in Klammern jeweils in einen Gliedsatz verwandelst. Achtung: Einmal musst du das Tempus, einmal den Modus des Verbs ändern!**

Incolae urbem reliquerunt. Hostes apparuerunt. (ubi primum – sobald)

Oculi omnium in Ciceronem vertabantur. Is in senatu orationem habebat. (dum – während)

Ceteri senatores dormiebant. Quidam senator orationem habebat. (cum – immer wenn)

Hannibal bellum incipi iussit. Dux declaratus erat. (cum – nachdem)

Nox erat. Clamor servorum auditus est. (cum – als plötzlich)

■ *Vokabeln:* verti in + *Akk.* – sich zuwenden, declarare – erklären zu

ÜBEN

8.2 Konditionalsätze

Konditionalsätze drücken eine **Bedingung** oder **Voraussetzung** aus, unter der die Hauptsatzhandlung geschieht. Der ganze Satz wird auch „konditionales Satzgefüge“ genannt.
Die Subjunktionen sind *sī – wenn, falls* und *nisī – wenn nicht.*
Die Bedingung sowie die Folgerung kann als wirklich, möglich oder nicht wirklich dargestellt werden.

Si hoc facis, bene agis. – Wenn du das tust, handelst du gut.
Nisi avum visitarem, maestus esset. – Wenn ich den Großvater nicht besuchen würde, wäre er traurig.

Bei einer **wirklichen** Bedingung bzw. Folgerung steht in beiden Sätzen Indikativ (Realis).

Si hoc **fecisti,** bene **egisti.** – Wenn du das getan hast, hast du gut gehandelt.
Si hoc **facies / feceris,** bene **ages.** – Wenn du das tun wirst, wirst du gut handeln.

Die Möglichkeit einer Bedingung bzw. Folgerung zeigt der Konjunktiv Präsens, seltener der Konjunktiv Perfekt (Potentialis, ↑ Kap. 7.2) an, der dann sowohl im *si*-Satz als auch im Hauptsatz steht.

Si Valerius **veniat,** Claudia felix **sit.** – Wenn Valerius kommen sollte, dürfte Claudia wohl glücklich sein.
Nisi amici **venerint,** Claudia infelix **fuerit.** – Wenn die Freunde nicht kommen sollten, dürfte Claudia wohl unglücklich sein.

Zum Ausdruck einer **unwirklichen** Bedingung oder Folge steht in Bedingungs- und Hauptsatz entweder der Konjunktiv Imperfekt (Irrealis der Gegenwart) oder der Konjunktiv Plusquamperfekt (Irrealis der Vergangenheit) (↑ Kap. 7.2).

Si Valerius **veniret,** Claudia felix **esset.** – Wenn Valerius käme *(aber er kommt nicht),* wäre Claudia glücklich.
Si Valerius **venisset,** Claudia felix **fuisset.** – Wenn Valerius gekommen wäre *(aber er ist nicht gekommen),* wäre Claudia glücklich gewesen.
Nisi hoc **fecisses,** pater contentus non **fuisset.** – Wenn du das nicht getan hättest *(aber du hast es ja getan),* wäre dein Vater nicht zufrieden gewesen.

Beachte: In Verbindung mit Negationen bedeutet *nisī – außer:*

- ***nōn** ... **nisī** – nicht ... außer*
- ***nēmō** ... **nisī** – niemand ... außer*
- ***nihil** ... **nisī** – nichts ... außer*
- ***numquam** ... **nisī** – nie ... außer*

Der ganze Ausdruck kann oft mit „nur“ wiedergegeben werden.

De mortuis **nihil nisi** bene. – Über die Toten nur (nichts außer) Gutes.
Numquam valeo **nisi** aestate. – Mir geht es nur im Sommer gut.

ÜBUNG 6 **Verbinde Bedingungen und Folgerungen zu sinnvollen Sätzen. Übersetze anschließend. Schreibe in dein Übungsheft.**

Nisi nos visitas,
Si servi bene laboraverunt,
Si reus hoc dicit,
Si me quid rogaveris,
Nisi ad scholam itis,

mentitur.
maesti sumus.
vituperamini.
respondebo.
a domino laudantur.

■ *Vokabeln:* mentiri – lügen, vituperare – tadeln, maestus, -a, -um – traurig

ÜBUNG 7 **Setze den richtigen Begriff ein.**

Konjunktiv Plusquamperfekt - Indikativ - Konjunktiv Perfekt - Konjunktiv Imperfekt - Konjunktiv Präsens

Im konditionalen Satzgefüge steht zum Ausdruck der Wirklichkeit der ____________ ____________, zur Bezeichnung der Möglichkeit einer Bedingung oder Folgerung der Potentialis, der im Lateinischen mit ____________, seltener mit ____________ ausgedrückt wird. Ist die Bedingung oder Folgerung irreal, steht der Irrealis der Gegenwart (____________) oder der Vergangenheit (____________).

ÜBUNG 8 **Der Lehrer ist mit seinen Schülern unzufrieden. Bilde aus den Hauptsätzen ein konditionales Satzgefüge mit dem Irrealis.**

1. Vos laudarem, si ... – Ich würde euch loben, wenn ihr ...
   ... tacere: ____________
   ... non semper / dormire: ____________
   ... tempore / advenire: ____________

2. Vos laudavissem, si ... – Ich hätte euch gelobt, wenn ihr ...
   ... bene / studere: ____________
   ... tabulas apportare: ____________

■ *Vokabeln:* tempore – rechtzeitig, pünktlich

ÜBUNG 9 **Übersetze die folgenden Sätze. Wie musst du *nisi* jeweils wiedergeben? Achte auf eine gute Übersetzung!**

Rufus ruri non versatur nisi aestate.

Mater desperaret, nisi epistulam filiae acciperet.

Isti nihil cogitaverunt nisi incendia sceleraque alia.

Nisi tum verum dixissent, nunc nemo eis credidisset.

■ *Vokabeln:* rus, ruris *n* – Land, versari – sich aufhalten, aestas, - atis *f* – Sommer

ÜBUNG 10 **Wie muss die Verbform lauten, damit die Übersetzung stimmt? Unterstreiche die richtige Form.**

1. Si mihi adestis / adsitis / adessetis, nihil timeo / timeam / timerem. – Wenn ihr mir helfen könntet, dürfte ich wohl nichts fürchten.
2. Si Cicero epistulam fratris acciperet / accipiat / accipit, valde gauderet / gaudeat / gaudet. – Wenn Cicero einen Brief seines Bruders bekäme, würde er sich sehr freuen.
3. Si gladiator fortius pugnaret / pugnet / pugnavisset, vinceret / vincat / vicisset. – Wenn der Gladiator tapferer gekämpft hätte, hätte er gesiegt.
4. Hostes condiciones Romanorum accipiunt / acciperent / accipiant, nisi iniquae sunt / essent / sint. – Die Feinde nehmen die Bedingungen der Römer an, wenn sie nicht ungerecht sind.

ÜBUNG 11 **Übersetze und bestimme die Funktion des Konjunktivs. Schreibe in dein Übungsheft.**

Si mihi adessetis, nihil timerem.
Si Cicero epistulam fratris accipiat, valde gaudeat.
Si gladiator fortius pugnaret, vinceret.
Hostes condiciones Romanorum accepissent, nisi iniquae fuissent.

ÜBEN

8.3 Konsekutiv- und Finalsätze

Konsekutivsätze sind adverbiale Gliedsätze, die eine Folge der Hauptsatzhandlung bezeichnen. Eingeleitet werden Konsekutivsätze mit: ▪ *ut – (so) dass* ▪ *ut nōn – (so) dass nicht* Im Konsekutivsatz steht immer Konjunktiv.	Canis vicini magnus est, **ut** eum timeamus. – Der Hund unseres Nachbarn ist groß, so dass wir ihn fürchten. Canis vicini parvus erat, **ut** eum **non** timeremus. – Der Hund unseres Nachbarn war klein, so dass wir ihn nicht fürchteten.
Beachte: Im Hauptsatz findet sich oft ein auf den Konsekutivsatz weisendes *ita, tam* oder *sīc – so*. Auch *tantus, -a, -um – so groß* oder *tālis, -e – so (beschaffen)* kann stehen.	Gaius **tam** stultus est, **ut** hoc non sciat. – Gaius ist so dumm, dass er das nicht weiß. Dominus **tanta** ira incensus est, ut servos puniret. – Der Herr war so wütend, dass er die Sklaven bestrafte.
Adverbiale Gliedsätze, die einen Zweck oder eine Absicht bezeichnen, heißen **Finalsätze.** Folgende Subjunktionen können sie einleiten: ▪ *ut – dass, damit* ▪ *nē – dass nicht, damit nicht* Das Prädikat des Finalsatzes ist stets im Konjunktiv.	Galli legatos ad Caesarem miserunt, **ut** de pace agerent. – Die Gallier schickten Gesandte zu Caesar, damit sie über den Frieden verhandelten. Amicum visitamus, **ne** solus sit. – Wir besuchen den Freund, damit er nicht alleine ist.
Tipp: Oft kannst du den Gliedsatz mit „um zu" bzw. „um nicht zu" und einem Infinitiv übersetzen.	Edo, ut vivam. – Ich esse, um zu leben.
Der Finalsatz kann auch einen Wunsch ausdrücken, besonders nach einem Verb des Bittens, Wünschens und Befehlens, z. B.: *orāre / petere – bitten* *hortārī / monēre – ermahnen* *imperāre – befehlen*	Oro te, ut maneas. – Ich bitte dich zu bleiben / dass du bleibst. Magister discipulos hortatus est, ut bene studerent. – Der Lehrer ermahnte die Schüler (dazu), gut zu lernen.
Beachte: Nach einem Verb des Fürchtens und Hinderns bedeutet *nē – dass* und *nē nōn – dass nicht*, z. B. nach: *cavēre – sich hüten* *timēre / metuere / verērī – sich fürchten* *interdīcere – untersagen* *prohibēre / impedīre – abhalten, hindern*	Timeo, **ne** veniat. – Ich fürchte, dass er kommt. Timeo, **ne** amici **non** veniant. – Ich fürchte, dass meine Freunde nicht kommen. Cave, **ne** cadas! – Hüte dich zu fallen! Imperator impedit, **ne** milites urbem deleant. – Der Feldherr verhindert, dass die Soldaten die Stadt zerstören.

ÜBUNG 12 Wie kannst du *ut* + Konjunktiv übersetzen? Es gibt drei Möglichkeiten. Um welche Art von Gliedsatz handelt es sich jeweils?

1.
2.
3.

ÜBUNG 13 Wie wird ein Konsekutivsatz verneint, wie ein Finalsatz?

Konsekutivsatz:

Finalsatz:

Finalsatz nach *timere:*

ÜBUNG 14 *Ut* oder *ut ... non*? Setze ein. Übersetze in deinem Übungsheft.

Tarquinius rex tam crudelis fuit, ______ ab omnibus ______ timeretur.
Hamilcar, pater Hannibalis, filium ita educavit, ______ numquam amicus populi Romani ______ esset.
Gaius hodie tam attentus est, ______ a magistro ______ vituperetur.
Hercules tam fortis erat, ______ a nullo ______ vinci posset.
Medea tanta ira incensa est, ______ liberis ______ parceret, sed eos interficeret.

■ *Vokabeln:* educare – erziehen, attentus, -a, -us – aufmerksam, parcere + *Dat.* – jdn. schonen

ÜBUNG 15 Übersetze die folgenden Sätze. Schreibe in dein Übungsheft.

Properate, ut tempore adveniatis!
Caesar imperavit, ut milites impetum in hostes facerent.
Milites timuerunt, ne hostes fortiores essent.
Rufus Romam iit, ut ibi templa visitaret.
Claudius amicum exspectabat, sed timebat, ne non iam veniret.
Mater filias vocat, ut statim veniant.

■ *Vokabeln:* tempore – rechtzeitig, pünktlich

WISSEN

Verben mit *ut* oder AcI
Einige Verben können sowohl einen Finalsatz als auch einen AcI nach sich ziehen. Ihre Bedeutung ist jedoch unterschiedlich:

+ AcI	+ *ut / nē*	
persuadēre	*überzeugen*	*überreden*
(ad-)monēre	*erinnern*	*ermahnen*
concēdere	*einräumen*	*erlauben*
cēnsēre	*meinen*	*beantragen*
vidēre	*(ein-)sehen*	*dafür sorgen*

Cato censuit, ut Carthago deleretur. – Cato beantragte, dass Karthago zerstört werde.

Cato censuit Carthaginem delendam esse. – Cato war der Meinung, dass Karthago zerstört werden müsse.

ÜBUNG 16 **Finalsatz oder AcI? Übersetze entsprechend.**

Marcus amicis persuasit, ut in forum irent.

Magister discipulos admonet, ut tabulas apportent.

Senatores censuerunt, ut bellum geretur.

Senatores censuerunt bellum geri oportere.

Videte, ut bene agatis!

Senatores concedunt hoc crimen gravius esse.

ÜBUNG 17 **Bilde aus zwei Sätzen einen. Schreibe in dein Übungsheft.**
Beispiel: Pater filium admonuit: „Stude!" → Pater filium admonuit, ut studeret.

Caesar militibus imperavit: „Impetum facite!"
Rufus timebat: „Ne pater redeat!"
Mater filiam admonuit: „Propera!"

ÜBEN

8.4 Weitere Adverbialsätze

Kausalsätze

Kausalsätze geben eine Begründung an. Sie werden eingeleitet durch:
- *quia* } – *da, weil*
- *quod* }
- *quoniam – da ja, weil ja*

Aeneas Troiam reliquit, **quia** deleta erat. – Aeneas verließ Troja, weil es zerstört (worden) war.
Te adiuvo, **quoniam** amicus es. – Ich helfe dir, da du ja mein Freund bist.

Nach diesen Subjunktionen steht der Indikativ.

Achtung: Bei *quod* besteht Verwechslungsgefahr mit dem Relativpronomen im Nominativ / Akkusativ Singular Neutrum! Gibt es kein passendes Bezugswort, musst du mit „weil, da" übersetzen. Manchmal weist auch *propterea – deswegen* im Hauptsatz auf einen Kausalsatz hin. Gibt es keine eindeutigen Hinweise, entscheide nach dem Sinn.

Incolae oppidum, **quod** deletum erat, reliquerunt. – Die Einwohner verließen ihre Stadt, die / da sie zerstört (worden) war.
Incolae urbem reliquerunt, **quod** deleta erat. – Die Einwohner verließen ihre Stadt, da sie zerstört (worden) war.
Vos **propterea** adiuvamus, **quod** amici estis. – Wir helfen euch deswegen, weil ihr unsere Freunde seid.

Mit dem Konjunktiv wird verwendet:
- *cum – weil, da* **(cum causale)**

Ovidius, **cum** poeta optimus esset, multis admirationi fuit. – Da Ovid ein hervorragender Dichter war, wurde er von vielen bewundert.

Konzessivsätze

Adverbialsätze, die einen Gegengrund („trotz welcher Umstände?") enthalten, werden **Konzessivsätze** genannt. Verwendet werden als einleitende Subjunktionen mit Indikativ:
- *quamquam – obwohl, obgleich*
- *etsī* } – *selbst wenn, auch wenn*
- *etiamsī* }

Milites Romani, **quamquam** hostes fortiter pugnabant, tamen eos vicerunt. – Obwohl die Feinde tapfer kämpften, besiegten die römischen Soldaten sie trotzdem.
Etsi resistes, tamen te vincam. – Auch wenn du dich widersetzt, werde ich dich doch besiegen.

Beachte: Die Subjunktion *etiamsī* kann wie *sī – wenn* (↑ Kap. 8.2) den Konjunktiv nach sich ziehen, wenn es sich um einen möglichen (Potentialis) oder unwirklichen Zusammenhang (Irrealis) handelt.

Etiamsi divites essetis, felices non essetis. – Auch wenn ihr reich wärt, würdet ihr nicht glücklich sein. *(Irrealis der Gegenwart)*

Mit dem Konjunktiv steht:
- *cum – obwohl* **(cum concessivum)**

Cum discipuli studuissent, a magistro vituperati sunt. – Obwohl sich die Schüler bemüht hatten, wurden sie vom Lehrer getadelt.

ÜBUNG 18 Welche Subjunktionen können einen Kausalsatz einleiten, welche einen Konzessivsatz? Suche die richtigen heraus. Welche Konjunktion kann beide einleiten?

etsi – quia – dum – quamquam – antequam – quod – si – cum – postquam – quoniam – etiamsi

Kausalsatz	Konzessivsatz

ÜBUNG 19 Verbinde die Satzhälften zu sinnvollen Sätzen. Übersetze in deinem Übungsheft.

Tullius non venit,	cum invitatae sint.
Claudia amicaeque valde gaudent,	quod senator erat.
Servi laudantur,	cum Romanos vincere vellet.
Pater saepe in curia erat,	quia aegrotus erat.
Hannibal exercitum in Italiam duxit,	quoniam bene laboraverunt.

ÜBUNG 20 Handelt es sich um einen Kausal- oder Konzessivsatz? Kreuze an und übersetze entsprechend in deinem Übungsheft.

	Kausalsatz	Konzessivsatz
Milites, cum perterriti essent, fuga salutem petiverunt.	☐	☐
Reus damnatus est, quamquam innocens erat.	☐	☐
Homines deos colunt, cum eos numquam viderint.	☐	☐
Tibi gratus sum, quoniam me adiuvisti.	☐	☐

■ *Vokabeln:* fugā salutem petere – sein Heil in der Flucht suchen, innocens, -entis – unschuldig, gratus, -a, -um – dankbar

ÜBEN

WISSEN +

Quod ist nicht gleich quod

Für die Übersetzung von *quod* gibt es nicht nur die Möglichkeiten „weil“ als Kausalsubjunktion und „das“ als Relativpronomen, es kann (selten) auch mit „(die Tatsache,) dass“ oder „wenn“ wiedergegeben werden (**faktisches *quod***). Der *quod*-Satz erläutert dann die Hauptsatzhandlung. Es steht der Indikativ.

Erras in eo, quod avum valere putas. – Du irrst in diesem Punkt, wenn du glaubst, es gehe dem Großvater gut.
Bene fecistis, quod me visitavistis. – Ihr habt gut daran getan, dass ihr mich besucht habt.
Bene accidit, quod venerunt. – Es traf sich gut, dass sie gekommen sind.

Beachte: Nach einigen Verben (speziell des Affektes) kannst du *quod* mit „weil“ oder „dass“ übersetzen, da es zugleich begründet und erläutert:
laudāre – loben
vituperāre / reprehendere – tadeln
gaudēre – sich freuen
īrāscī – zornig sein
aegrē / molestē ferre – verärgert sein
mīrārī – sich wundern

Miror, quod non venistis. – Ich wundere mich (darüber), **dass** ihr nicht gekommen seid.
Gaudemus, quod amici venerunt. – Wir freuen uns (darüber), **dass** die Freunde gekommen sind / **weil** die Freunde gekommen sind.

ÜBUNG 21 **Übersetze in deinem Übungsheft. Wie musst du *quod* jeweils wiedergeben?**

Moleste fero, quod numquam me visitas.
Caesar oppidum, quod longe oppugnaverat, expugnavit.
Bene facitis, quod me adiuvatis.
Male accidit, quod te non vidi.
Pater liberos monuit, quod numquam didicerant.

ÜBUNG 22 **Welche Subjunktion passt? Unterstreiche diese und übersetze in deinem Übungsheft.**

ACHTUNG FEHLER

Liberi, cum / quod / quamquam vasa fregissent, a matre increpati sunt.

Claudia canem avi valde timet, cum / etsi / quoniam parvus est.

Cicero bene fecit, quod / cum / quia Catilinam accusavit.

Gladiator, quod / quamquam / etiamsi fortius pugnavisset, non vicisset.

■ *Vokabeln:* increpare – schimpfen

Klassenarbeit 1

60 Minuten

AUFGABE 1 **Ordne die Bedeutungen von *cum* den grammatischen Bezeichnungen zu.**

nachdem
immer wenn
damals als
obwohl
weil
als plötzlich

cum temporale
cum causale
cum inversum
cum historicum
cum concessivum
cum iterativum

AUFGABE 2 **Mit oder ohne Konjunktiv? Ordne die Subjunktionen entsprechend ein.**

ut (so dass) – ne (damit nicht) – cum (damals als) – quod (weil) – cum (nachdem) – quoniam (weil) – cum (obwohl) – quod (dass) – cum (weil) – quamquam (obwohl)

+ Indikativ

+ Konjunktiv

AUFGABE 3 **Zweck oder Folge? Übersetze die Sätze entsprechend.**

Caesar militibus imperavit, ut impetum facerent.
Cicero orator tam clarus erat, ut omnes eum admirarentur.
Pater concedit, ut liberi ludant.
Dux impedivit, ne milites urbem delerent.
Vicinus mihi tam gratus erat, ut donum mihi daret.

■ *Vokabeln:* spectator, -oris *m* – Zuschauer, delere – zerstören, vicinus, -i *m* – Nachbar, gratus, -a, -um – dankbar

AUFGABE 4 **Lies den folgenden Text und unterstreiche alle Subjunktionen sowie das zugehörige Prädikat.**

Aeneas, cum Graeci Troiam expugnavissent et incendissent, cum Anchisa patre et Iulo filio et sociis quibusdam ex urbe ardente fugit. Troiani, cum dei eis patriam novam dare constituissent, in Italiam navigaverunt. Aeneas sociique eius, postquam multa pericula superaverunt, denique Italiae appropinquaverunt. Sed tempestas, cum terram iam viderent, eos impedivit, ne ad oram accederent. Postremo naves Troianorum ad oram Africae appulsae sunt; ibi Dido regina regnabat.
Troiani a Didone accepti Carthagine diu versabantur et urbem novam aedificare coeperunt. Dei autem, cum contenti non essent, Mercurium ad Aeneam miserunt, qui hoc mandatum ei nuntiaret: „Dei irati sunt, quod tam diu in Africa mansistis! Vobis imperant, ut Carthaginem relinquatis et Italiam petatis.“
Itaque Didone invita Troiani Carthaginem reliquerunt. Tum Dido, quae Aeneam valde amaret, sibi mortem conscivit. Troiani autem, cum in Italiam advenissent, ibi patriam novam invenerunt.

■ *Vokabeln:* Anchises, -ae *m* – Anchises, ardere – brennen, constituere – beschließen, tempestas, -atis *f* – Sturm, appelli – (an-)getrieben werden, Dido, -onis *f* – Dido, regina, -ae *f* – Königin, versari – sich aufhalten, mandatum, -i *n* – Auftrag, Weisung, irasci – zürnen, sibi mortem consciscere – Selbstmord begehen

AUFGABE 5 **Beantworte die folgenden Fragen zu Aufgabe 4. Schreibe in dein Übungsheft.**

1. Um welche Arten von Gliedsätzen handelt es sich? Beachte dabei, ob das Prädikat im Indikativ oder Konjunktiv steht.
2. Um welche Verwendung von *cum* handelt es sich jeweils? Nenne den grammatischen Begriff und übersetze.
3. Wie kannst du die anderen Gliedsatzeinleitungen übersetzen?
4. Lies den Text nochmals und suche die Partizipialkonstruktionen heraus. Welche kannst du entdecken?

AUFGABE 6 **Übersetze nun den Text aus Aufgabe 4 in deinem Übungsheft. Achte dabei auf das richtige Zeitverhältnis zwischen Glied- und Hauptsätzen und bei den Partizipialkonstruktionen zusätzlich auf ein passendes gedankliches Verhältnis!**

TESTEN

Klassenarbeit 2

60 Minuten

AUFGABE 7 Suche alle Subjunktionen und nenne ihre Bedeutungen. Schreibe in dein Übungsheft.

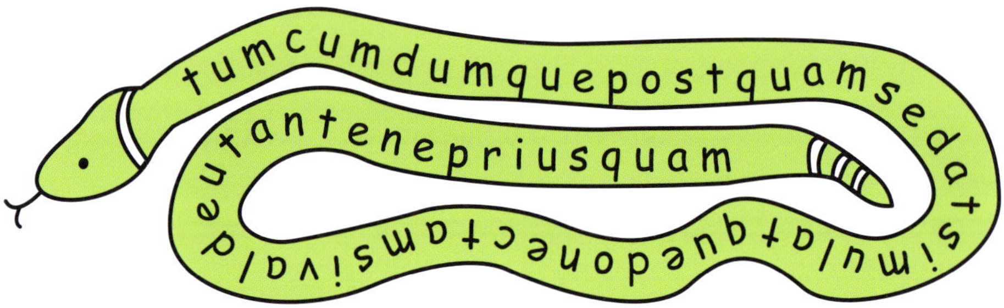

AUFGABE 8 Trage die Subjunktionen ein. Ergänze Bedeutung und Sinnrichtung.

si – ut (2x) – quia – etsi – ne – ut non – ~~postquam~~ – dum – antequam – nisi – ne non – quoniam – quamquam

	Sinnrichtung	Subjunktionen
Zeit	temporal	postquam - nachdem
Grund		
Bedingung		
Folge		
Zweck oder Absicht		
Gegengrund oder Einschränkung		

TESTEN

AUFGABE 9 **Welche Bedeutungen kann die Subjunktion *cum* haben, wenn sie mit dem Indikativ steht, und welche mit dem Konjunktiv?**

***cum* + Indikativ**

(cum temporale)

(cum inversum)

(cum iterativum)

***cum* + Konjunktiv**

(cum historicum)

(cum causale)

(cum concessivum)

AUFGABE 10 **Unterstreiche die passende Subjunktion. Übersetze die Sätze.**

Hannibal donec / cum dux declaratus esset, bellum incipi iussit.

Postquam / Dum anima erit, spes erit.

Cum / Priusquam hostes fugiebant, milites Romani eos sequebantur.

Magister discipulos iterum iterumque admonuerat, antequam / ut primum eos punivit.

AUFGABE 11 **Final- oder Konsekutivsatz? Kreuze an. Übersetze in deinem Übungsheft.**

	Finalsatz	Konsekutivsatz
Ulixes tam callidus erat, ut Troianos dolo fallere posset.	☐	☐
Servi, properate, ut convivae vinum cibosque habeant!	☐	☐
Vos moneo, ut caveatis.	☐	☐
Pater tanta ira incensus erat, ut filium magna voce increparet.	☐	☐

AUFGABE 12 **Übersetze die Konditionalsätze. Handelt es sich um einen Realis, einen Potentialis der Gegenwart (GW) bzw. Vergangenheit (VH) oder einen Irrealis der Gegenwart bzw. Vergangenheit? Kreuze an und unterstreiche entsprechend. Achtung: Es kann in Haupt- (HS) und Gliedsatz (GS) unterschiedlich sein!**

1. Si ludos contemnis et ideo venire noluisti, laetor te tam sapientem esse.

HS: ☐ Realis ☐ Potentialis GW / VH ☐ Irrealis GW / VH

GS: ☐ Realis ☐ Potentialis GW / VH ☐ Irrealis GW / VH

2. Omnino, si quaeras, ludi optimi erant.

HS: ☐ Realis ☐ Potentialis GW / VH ☐ Irrealis GW / VH

GS: ☐ Realis ☐ Potentialis GW / VH ☐ Irrealis GW / VH

3. Ludi optimi fuissent, nisi gladiator ille a bestia interfectus esset.

HS: ☐ Realis ☐ Potentialis GW / VH ☐ Irrealis GW / VH

GS: ☐ Realis ☐ Potentialis GW / VH ☐ Irrealis GW / VH

4. Te invitavissem, si ludi tibi placerent.

HS: ☐ Realis ☐ Potentialis GW / VH ☐ Irrealis GW / VH

GS: ☐ Realis ☐ Potentialis GW / VH ☐ Irrealis GW / VH

AUFGABE 13 **Unterstreiche die Subjunktionen und bestimme die Art des Gliedsatzes. Übersetze anschließend die Sätze.**

Lucius timebat, ne amore Claudiae frustra arderet.

Dido tam tristis erat, quod Aeneas urbem reliquerat, ut vivere non iam vellet.

Gladiator bestiam non superavit, quamquam fortiter pugnaverat.

TESTEN

Stichwortfinder

DUDEN

WISSEN >> ÜBEN >> TESTEN

Latein

Lösungsheft

2.

Lernjahr

1 Die Substantive

ÜBUNG 1 **S. 6**

	Sg.	*Pl.*
Nom.	res	res
Gen.	rei	rerum
Dat.	rei	rebus
Akk.	rem	res
Abl.	re	rebus

ÜBUNG 2 **S. 6**

	Sg.	*Pl.*
Nom.	res, dies, acies	res, dies, acies
Gen.	fidei, spei	rerum
Dat.	fidei, spei	diebus, rebus
Akk.	spem	res, dies, acies
Abl.	meridie	diebus, rebus

ÜBUNG 3 **S. 6**

rebus: **Dat. / Abl. Pl. → rei / re**
aciem: **Akk. Sg. → acies**
dierum: **Gen. Pl. → diei**
rei: **Gen. / Dat. Sg. → rerum / rebus**
die: **Abl. Sg. → diebus**
res: **Nom. Sg. / Nom. / Akk. Pl. → res / res / rem**

ÜBUNG 4 **S. 7**

ā-Deklination: amica, villa, insula
o-Deklination: puer, filius, donum
ē-Deklination: dies, facies, acies

ÜBUNG 5 **S. 7**

1.	*Sg.*	*Pl.*
Nom.	res publica	res publicae
Gen.	rei publicae	rerum publicarum
Dat.	rei publicae	rebus publicis
Akk.	rem publicam	res publicas
Abl.	re publica	rebus publicis
2.	*Sg.*	*Pl.*
Nom.	facies pulchra	facies pulchrae
Gen.	faciei pulchrae	facierum pulchrarum
Dat.	faciei pulchrae	faciebus pulchris
Akk.	faciem pulchram	facies pulchras
Abl.	facie pulchra	faciebus pulchris
3.	*Sg.*	*Pl.*
Nom.	dies festus	dies festi
Gen.	diei festi	dierum festorum
Dat.	diei festo	diebus festis
Akk.	diem festum	dies festos
Abl.	die festo	diebus festis

ÜBUNG 6 **S. 7**

diebus malis; faciei pulchrae; re bona; horti magni; rerum futurarum; servas multas

ÜBUNG 7 **S. 9**

	Sg.	*Pl.*	*Sg.*	*Pl.*
Nom.	casus	casus	genu	genua
Gen.	casus	casuum	genus	genuum
Dat.	casui	casibus	genui	genibus
Akk.	casum	casus	genu	genua
Abl.	casu	casibus	genu	genibus

ÜBUNG 8 **S. 9**

1.		a	r	c	u	u	**m**				
2.		c	o	r	n	u	**a**				
3.	m	a	g	i	s	t	**r**	a	t	u	
4.			e	x	e	r	**c**	i	t	u	i
5.		s	e	n	a	t	**u**	s			
6.			d	o	m	o	**s**				

Lösungswort: **Marcus**

ÜBUNG 9 **S. 10**

matri bonae; oratorem praeclarum; turri alta; regi bono; fratribus meis; navium celerium; milites fortes

ÜBUNG 10 **S. 10**

1. Gen. Sg.: Der Klang des Horns wird gehört.
2. Nom. Sg.: Der Triumphbogen ist groß.
3. Nom. Pl.: Die Staatsbeamten bereiten Spiele für das Volk vor.
4. Akk. Pl.: Auf dem Forum Romanum sehen wir viele Bögen.
5. Gen. Sg.: Der Anführer des feindlichen Heeres ist gefangen worden.

ÜBUNG 11 **S. 10**

o-Dekl.	*ē-Dekl.*	*u-Dekl.*	*3. Dekl.*
populus	fides	cornu	civis
donum	res	porticus	rex
deus	acies	manus	mare
vir	dies	domus	vis

ÜBUNG 12 **S. 13**

timor Romanorum: Gen. subi.: die Furcht der Römer; Gen. obi.: die Furcht vor den Römern
auxilium deorum: Gen. subi.: die Hilfe der Götter
spes salutis: Gen. obi.: die Hoffnung auf Rettung
amor avi: Gen. subi.: die Liebe des Großvaters; Gen. obi.: die Liebe zum Großvater
insidiae militum: Gen. subi.: der Hinterhalt der Soldaten

ÜBUNG 13 **S. 13**

1. pecuniae, Gen. partitivus: Ich habe etwas Geld.
2. potestatis, Gen. obi.: Die Machtgier (Gier nach Macht) hat dem Menschen immer geschadet.
3. Magistri, Gen. poss.: Dem Lehrer gehören viele Bücher.
4. Consulum, Gen. poss.: Es ist Pflicht der Konsuln, den Staat gut zu führen.

ÜBUNG 14 **S. 13**

Puero (Dat. poss.) nomen est Tullius. – Der Junge heißt Tullius.
Lingua Latina **mihi (Dat. commodi) gaudio (Dat. finalis)** est. – Latein macht mir Freude.
Patri (Dat. poss.) multi equi sunt. – Mein / der Vater besitzt viele Pferde.
Non **nobis solis (Dat. commodi)** vivimus. – Wir leben nicht für uns allein.
Industria **discipulo / discipulis (Dat. commodi) magno usui (Dat. finalis)** est. – Fleiß ist für den Schüler / die Schüler von großem Nutzen / sehr nützlich.

ÜBUNG 15 **S. 14**

Romam eo.
Domum vado.
In Siciliam navigo.
In urbem propero.
Athenas eo.

ÜBUNG 16 **S. 14**

Marcus **in forum** pervenit. – Marcus kommt / kam auf dem Forum an.
Romae multi homines habitant. – Viele Menschen wohnen in Rom.
Cicero **Athenas** advenit. – Cicero kam / kommt in Athen an.
Parentes **domum** redeunt. – Die Eltern kehren nach Hause zurück.

ÜBUNG 17 **S. 14**

Lösungsvorschlag:
Poeta amore (Abl. causae) adductus versus scripsit. – Der Dichter schrieb aus Liebe Verse.
Claudia equo (Abl. instrumentalis) vehitur. – Claudia reitet.
Puellae ex urbe Roma (Abl. separativus) veniunt. – Die Mädchen kommen aus der Stadt Rom.
Cornelius maior fratre (Abl. comparationis) est. – Cornelius ist älter als sein Bruder.
Socrates vir magna sapientia (Abl. qualitatis) fuit. – Sokrates war ein sehr weiser Mann.

Klassenarbeiten

AUFGABE 1 **S. 15**

magistro: **Dat. / Abl.Sg., o-Dekl. → magister, -tri *m* – Lehrer**
magistratu: **Abl. Sg., u-Dekl. → magistratus, -us *m* – Beamter**
senatorum: **Gen. Pl., 3. Dekl. → senator, -oris *m* – Senator**
arcuum: **Gen. Pl., u-Dekl. → arcus, -us *m* – Bogen**
arce: **Abl. Sg., 3. Dekl. → arx, arcis *f* – Burg**

AUFGABE 2 **S. 15**

faciei pulchrae: Gen. / Dat. Sg. f
manu parva: Abl. Sg. f
turrim altam: Akk. Sg. f
domibus amplis: Dat. / Abl. Pl. f
res secundas: Akk. Pl. f
die festo: Abl. Sg. m

AUFGABE 3 **S. 15**
1. Abl. comparationis: Niemand war weiser als Sokrates.
2. Abl. causae: Der Vater lachte vor Freude.
3. Abl. instrumentalis: Caesar fährt im Wagen in die Stadt Rom.
4. Abl. instrumentalis: Die Gladiatoren kämpften mit den Schwertern.
5. Abl. comparationis: Cornelia ist schöner als alle (anderen) Mädchen.

AUFGABE 4 **S. 16**
In **domo** Lucii ignis fuit. Omnes clamaverunt et ex **domo** properaverunt. – Im Haus des Lucius gab es ein Feuer. Alle schrien und eilten aus dem Haus.
Gaius clam nocte **domum** iit; parentes eum ira incensi **domi** iam exspectaverunt. – Gaius kam heimlich nachts nach Hause; die Eltern erwarteten ihn bereits voll Zorn zu Hause.
Caesar hodie **Romam** advenit; **Romae** non diu manebit. – Caesar kam / kommt heute in Rom an / nach Rom; er wird nicht lange in Rom bleiben.
Agricola maestus in **urbem** iit, laetus **rus** rediit. – Der Bauer ging traurig in die Stadt, fröhlich kehrte er aufs Land zurück.

AUFGABE 5 **S. 16**
Cleopatra femina **magnae pulchritudinis** fuit. Gen. qual.; Cleopatra war eine sehr schöne Frau. (Ersetzbar durch Abl. qual.: magna pulchritudine.)
Timor **Romanorum** inimicis usui erat. Gen. subi.; Die Angst der Römer war den Feinden nützlich. (Keine Ersetzung möglich.)
Illa domus **patris Lucii** est. 2x Gen. poss.; Jenes Haus gehört Lucius' Vater. (Nur *patris* ist ersetzbar durch Dat. poss.: patri.)
Consulis est semper civibus consulere. Gen. poss.; Es ist Aufgabe des Konsuls, immer für die Bürger zu sorgen. (Keine Ersetzung möglich.)

AUFGABE 6 **S. 16**
Salus liber**orum** parentibus **(Dat. commodi)** cordi **(Dat. finalis)** est. – Das Wohl der Kinder liegt den Eltern am Herzen.
Cui **(Dat. commodi)** bono **(Dat. finalis)** est? – Wer hat einen Nutzen davon?
Mater mihi **(Dat. commodi)** ignaviam crim**ini** **(Dat. finalis)** dat. – Meine Mutter macht mir meine Faulheit zum Vorwurf / wirft mir ... vor.
Caesar milites civ**ibus** **(Dat. commodi)** praesidi**o** **(Dat. finalis)** reliquit. – Caesar ließ Soldaten zum Schutz für die Bürger zurück.

AUFGABE 7 **S. 17**

o-Dekl.	*u-Dekl.*
annus	cursus
hortus	portus
stilus	manus
adversarius	exercitus

Die übrigen Substantive gehören zur **3. Deklination.** (*salus* [Gen. *salutis* f], *tempus* [Gen. *temporis* n])

AUFGABE 8 **S. 17**
aciei: Gen. / Dat. Sg. → acies – (Schlacht-)Reihe
rebus: Dat. / Abl. Pl. → res – Sache
dies: Nom. Sg. / Pl. / Akk. Pl. → dies – Tag
spem: Akk. Sg. → spes – Hoffnung
facies: Nom. Sg. / Pl. / Akk. Pl. → facies – Gesicht
rerum: Gen. Pl. → res – Sache
meridie: Abl. Sg. → meridies – Mittag

AUFGABE 9 **S. 17**
aedificii: **domus**
aedificia: **domus / domos (domus)**
aedificium: **domus / domum**
aedificio: **domui / domo**
aedificiorum: **domorum (domuum)**
aedificiis: **domibus**

AUFGABE 10 **S. 18**
mos maiorum → Gen. subi. – die Sitte der Vorfahren
metus discipulorum → Gen. subi. / obi. – die Furcht der Schüler / vor den Schülern
consulis est → Gen. poss. – es ist Aufgabe / Pflicht / Kennzeichen eines Konsuls

AUFGABE 11 S. 18
Servi **saluti (Dat. obj.)** convivarum providebant. – Die Sklaven sorgten für das Wohl der Gäste.
Lingua Latina **multis discipulis (Dat. commodi) odio (Dat. finalis)** est. – Viele Schüler hassen die lateinische Sprache.
Ciceroni (Dat. poss.) praedium erat, quod Tusculum nominabatur. – Cicero besaß ein Landgut, das Tusculum genannt wurde.
Salus omnium civium **consulibus (Dat. commodi) maximo cordi (Dat. finalis)** erat. – Das Wohl aller Bürger lag den Konsuln überaus am Herzen.

AUFGABE 12 S. 18
Hannibal in Hispani**am (Akk. der Richtung)** missus est. – Hannibal ist nach Spanien geschickt worden.
Vultus Hannibalis vigor**e** magno **(Abl. qualitatis)** erat. – Hannibals Gesicht war von großer Lebhaftigkeit / zeigte große Lebhaftigkeit.
Saepe inter custodias hum**i (Abl. loci)** dormiebat. – Oft schlief er zwischen den Wachposten auf dem Boden.
Princeps in proeli**um (Akk. der Richtung)** ibat, ultimus e proeli**o (Abl. separativus)** excedebat. – Er ging als Erster in die Schlacht, als Letzter verließ er die Schlacht.

2 Adjektive und Adverbien

ÜBUNG 1 S. 21
clarius; pulchriori; stultiorem; miserioribus; altiorum; feliciores

ÜBUNG 2 S. 21
gravis → gravem → graviorem → graviores → graviora → gravioribus → graviore → gravius → gravior → gravioris → graviorum → gravioribus

ÜBUNG 3 S. 21
gladiator fortis: **gladiatorem fortiorem**
amica fidelis: **amica fideliore**
servus miser: **servorum miseriorum**
turris alta: **turres altiores**
poeta clarus: **poetis clarioribus**

ÜBUNG 4 S. 22
Domus istius senatoris **maior** est quam domus illius. – Das Haus dieses Senators ist größer als das Haus von jenem.
Iste liber **peior** est quam ille. – Dieses Buch ist schlechter als jenes.
Ista turris **minor** illā est. – Dieser Turm ist kleiner als jener.
Vinum **melius** aqua est. – Wein ist besser als Wasser.
Pater meus **prudentior** est quam tuus. – Mein Vater ist klüger als deiner.
Iste equus **celerior** est quam ille. – Dieses Pferd ist schneller als jenes.

ÜBUNG 5 S. 22
facillimis: **Dat. / Abl. Pl. m / f / n → facilis, -e – leicht**
pulcherrimo: **Dat. / Abl. Sg. m / n → pulcher, -chra, -chrum – schön**
maximi: **Gen Sg. m / n, Nom. Pl. m → magnus, -a, -um – groß**
pessimos: **Akk. Pl. m → malus, -a, -um – schlecht**

ÜBUNG 6 S. 22
Gaius **felicissimus** omnium puerorum est. **(Superlativ)** – Gaius ist der **glücklichste** Junge von allen.
Claudius amicus **fidelissimus** est. **(Elativ)** – Claudius ist ein **äußerst treuer** Freund.
Villa avi **antiquissima** est. **(Elativ)** – Das Landhaus meines Großvaters ist **extrem alt / uralt.**
Marcia **maxima** natu sororum mearum est. **(Superlativ)** – Marcia ist meine **älteste** Schwester.
Templum Cereris **minimum** omnium templorum in foro est. **(Superlativ)** – Der Ceres-Tempel ist **der kleinste** aller Tempel auf dem Forum.

ÜBUNG 7 **S. 24**
clare; vehementer; misere; recte; fortiter; infeliciter

ÜBUNG 8 **S. 24**
pulcher: **pulchre**
altus: **alte**
sapiens: **sapienter**
brevis: **breviter**
bonus: **bene**
fidelis: **fideliter**
malus: **male**
celer: **celeriter**

ÜBUNG 9 **S. 24**

Art und Weise	*Ort*	*Zeit*
paulum (ein wenig)	undique (von überall her)	subito (plötzlich)
multum (viel)	hinc (von hier)	interdum (manchmal)
cito (schnell)	eo (dorthin)	postea (später)
certe (sicherlich)	ibi (dort)	diu (lange)

ÜBUNG 10 **S. 25**

	Komparativ	*Superlativ*
breviter	brevius	brevissime
male	peius	pessime
pulchre	pulchrius	pulcherrime
alte	altius	altissime
bene	melius	optime
sapienter	sapientius	sapientissime
fideliter	fidelius	fidelissime

ÜBUNG 11 **S. 25**
Lösungsvorschlag:
felicissime vivere – extrem glücklich leben
sapienter cogitare – weise denken
velocissime ire – äußerst schnell gehen
audacius pugnare – tapferer kämpfen
bene scribere – gut schreiben

ÜBUNG 12 **S. 25**
Silvana agit **prudentius** quam Claudia. – Silvana handelt klüger als Claudia.
Senatores **celerrime** in curiam cucurrerunt. – Die Senatoren eilten äußerst schnell / blitzschnell in die Kurie.
Milites Romani **fortiores** sunt quam milites Gallorum. – Die römischen Soldaten sind tapferer als die Soldaten der Gallier.
Iste iudex semper **iustissimus** erat. – Dieser Richter war immer extrem gerecht.
Inimici **audacissime** pugnaverunt. – Die Feinde kämpften äußerst mutig / todesmutig.

Klassenarbeiten

AUFGABE 1 **S. 26**

Positiv	*Komparativ*	*Superlativ*
bonus, -a, -um	melior, -ius	optimus, -a, -um
sapienter	sapientius	sapientissime
difficilis, -e	difficilior, -ius	difficillimus, -a, -um
pulcher, -chra, -chrum	pulchrior, -ius	pulcherrimus, -a, -um
misere	miserius	miserrime

AUFGABE 2 **S. 26**
magistros severissimos – die strengsten / äußerst strengen Lehrer
gladiatorum fortissimorum – der tapfersten / extrem tapferen Gladiatoren
homines felicissimi – die glücklichsten / überaus glücklichen Menschen
amicis fidelissimis – (mit) den treuesten / überaus treuen Freunden
servus miserrimus – der unglücklichste / todunglückliche Sklave
patrono optimo – (mit) dem besten / überaus guten Patron

AUFGABE 3 **S. 26**

Adjektiv	*Adverb*	*Adjektiv und Adverb*
cupidi	ibi	gravius
acriora	stultissime	melius
minoribus	fortiter	beatius

AUFGABE 4 **S. 27**
Valerius **felicior** est Marco. – Valerius ist glücklicher als Marcus.
Credo nullam puellam **pulchriorem** esse quam amicam meam. – Ich glaube, kein Mädchen ist schöner als meine Freundin.

Templum Iovis **maius** est templo Vestae. – Der Tempel Jupiters ist größer als der Tempel der Vesta.
Non est poeta **clarior** Publio Virgilio. – Es gibt keinen berühmteren Dichter als Publius Virgilius (Vergil).
Servi interdum vitam **miseriorem** egerunt quam canes. – Sklaven führten bisweilen ein elenderes Leben als Hunde.

AUFGABE 5 S. 27

Romae vidi aedes **pulcherrimas,** templa **maxima,** vias **longissimas,** gladiatores **clarissimos,** ludos **optimos,** arcus **altissimos.** – In Rom sah ich überaus schöne Häuser, riesengroße Tempel, ellenlange Straßen, äußerst berühmte Gladiatoren, hervorragende Spiele, extrem hohe (Triumph-)Bögen.

AUFGABE 6 S. 27

Romae nobilitas **optime** vixit; plebs servique autem **saepe** vitam infelicissimam egerunt. – In Rom lebten die Adligen bestens; das Volk und die Sklaven aber führten oft ein extrem unglückliches Leben.
Cornelia **prudentius** agit quam Publius. – Cornelia handelt klüger als Publius.
Quintus cum fratre **diu** ludit. – Quintus spielt lange mit seinem Bruder.
Multi homines **undique** in forum Romanum cucurrerunt. – Viele Menschen rannten von überallher auf das Forum Romanum.

AUFGABE 7 S. 28

Sg.	*m / f*	*n*
Nom.	maior	beatius
Gen.	laetioris	laetioris
Dat.	utiliori	utiliori
Akk.	minorem	beatius
Abl.	crudeliore	crudeliore

Pl.	*m / f*	*n*
Nom.	longiores	meliora
Gen.	peiorum	peiorum
Dat.	clarioribus	clarioribus
Akk.	longiores	meliora
Abl.	clarioribus	clarioribus

AUFGABE 8 S. 28

Positiv	*Adjektivstamm*	*Komparativ*
certus	cert-	certior, certius
velox	veloc-	velocior, velocius
dignus	dign-	dignior, dignius
sapiens	sapient-	sapientior, sapientius
celer	celer-	celerior, celerius
miser	miser-	miserior, miserius

AUFGABE 9 S. 28

clamor laetus → clamor laetissimus – fröhlichstes / überaus fröhliches Geschrei
milites fortes → milites fortissimi – die tapfersten / sehr tapfere Soldaten
domos altas → domos altissimas – die höchsten / sehr hohe Häuser
incolarum multorum → incolarum plurimorum – der meisten / von sehr vielen Einwohnern
oratores boni → oratores optimi – die besten / überaus gute Redner
cani parvo → cani minimo – dem kleinsten / winzig kleinen Hund
puella felix → puella felicissima – das glücklichste / ein überglückliches Mädchen

AUFGABE 10 S. 29

Gaius a magistro laudatur, quia rem **bene** fecit. – Gaius wird vom Lehrer gelobt, da er die Sache gut gemacht hat.
Servae **velociter** currunt cibosque convivis apportant. – Die Sklavinnen laufen schnell und bringen den Gästen die Speisen.
Pecunia Lucio semper deest. Itaque ei **parce** vivendum est. – Lucius hat nie Geld. Deshalb muss er sparsam leben.
Ille consul rem publicam **prudenter** gessit. – Jener Konsul hat den Staat klug gelenkt.

AUFGABE 11 S. 29

Haec via **longior (Komparativ, Nom. Sg. f)** est quam illa. – Dieser Weg ist länger als jener.
Consilium tuum **utilissimum (Elativ / Superlativ Nom. Sg. n)** erat. – Dein Rat war äußerst nützlich / der nützlichste.
Marcus **divitior (Komparativ, Nom. Sg. m)** est Lucio. – Markus ist reicher als Lucius.
Carmina illius poetae **clariora (Komparativ, Nom. Pl. n)** sunt. – Die Gedichte jenes Dichters sind berühmter / recht berühmt.

Ludi nobis **minime (Superlativ, Adverb)** placuerunt. – Die Spiele haben uns überhaupt nicht gefallen.
Ille poeta **maximis (Superlativ, Abl. Pl. m)** honoribus afficitur. – Jener Dichter wird mit den höchsten Ehren versehen / ausgezeichnet.
Plurimi (Superlativ, Nom. Pl. m) gladiatores **fortius (Komparativ, Adverb)** cum bestiis pugnaverunt. – Die meisten Gladiatoren haben ziemlich tapfer mit den wilden Tieren gekämpft.

3 Die Pronomina

ÜBUNG 1 **S. 32**

Sg.	*m*	*f*	*n*
Nom.	iste	ista	istud
Gen.	istius	istius	istius
Dat.	isti	isti	isti
Akk.	istum	istam	istud
Abl.	isto	ista	isto
Pl.	*m*	*f*	*n*
Nom.	isti	istae	ista
Gen.	istorum	istarum	istorum
Dat.	istis	istis	istis
Akk.	istos	istas	ista
Abl.	istis	istis	istis

ÜBUNG 2 **S. 32**
illam tabulam; illa templa; illorum amicorum; illis urbibus; illas puellas; illi magistro; illius matris; illarum dearum

ÜBUNG 3 **S. 32**
hoc aedificium; **huius** verbi; **huic / hoc** loco; **huius / huic / hae** epistulae; **hunc** dominum; **hae / has** gentes; **horum** liberorum; **hanc** villam; **his** arboribus; **haec** dona

ÜBUNG 4 **S. 33**
eius verbi; **ei / eo** loco; **eius / ei / eae** epistulae; **eum** dominum; **eae / eas** gentes; **eorum** liberorum; **eam** villam; **eis (iis)** arboribus; **ea** dona

ÜBUNG 5 **S. 33**
Hoc est templum Minervae, **illud** est templum Iovis. Columnae **huius** templi parvae sunt, ante **illum** templum ara magna est. Hodie pauci homines **hanc** deam colunt, multi autem **illum** deum adorant.

ÜBUNG 6 **S. 34**
Titus Publium in foro vidit; statim **eum** et amicam eius ad cenam invitavit. – Titus sah Publius auf dem Forum; sofort lud er ihn und seine Freundin zum Abendessen ein.
Mater mea non valet. **Ei** epistulam scribere debeo. – Meiner Mutter geht es nicht gut. Ich muss ihr einen Brief schreiben.
Lucius et Cornelia cum patre in Circo Maximo sunt. At ludi **eos** non delectant. – Lucius und Cornelia sind mit ihrem Vater im Circus Maximus. Doch die Spiele erfreuen sie nicht.
Quintus et Sextus gaudent, nam avus **eis** fabulam narrat. – Quintus und Sextus freuen sich, denn der Großvater erzählt ihnen eine Geschichte.

ÜBUNG 7 **S. 34**
Gaius amicum **suum** Marcum visitat. Etiam amicus **eius** adest. – Gaius besucht seinen Freund Marcus. Auch dessen (= Markus') Freund ist da.
Servi clamant. Mater clamores **eorum** audit. – Die Sklaven rufen. Die Mutter hört deren Rufe.
Claudius saepe ruri versatur. Nam ibi villa avi **eius** est. – Claudius hält sich oft auf dem Land auf. Denn dort befindet sich das Landhaus seines Großvaters.
Tullius tabulam **suam** quaesivit. Tum Cornelia tabulam **eius** invenit. Itaque magister **eorum** Tullium non vituperavit. – Tullius suchte seine Schreibtafel. Dann fand Cornelia seine Tafel. Daher tadelte ihr (= beider) Lehrer Tullius nicht.

ÜBUNG 8 **S. 34**
Hodie audivi orationem **illius** Ciceronis. – Heute habe ich eine Rede jenes berühmten Ciceros gehört.
Pater tibi epistulam mandavit. Quando **ei** respondebis? – Dein Vater hat dir einen Brief geschrieben. Wann wirst du ihm antworten?
Lucium et Claudiam vidi. **Ille** est senator, **haec**

uxor **eius.** – Ich habe Lucius und Claudia gesehen. Jener (= der zuerst genannte) ist Senator, diese (= die zuletzt genannte) seine Frau.
Illis temporibus homines deos timuerunt, **hoc** tempore pauci **eos** colunt. – In früheren Zeiten fürchteten die Menschen die Götter, heute verehren wenige Leute sie.
Iste multa scelera commisit! – Der (Schuft) da hat viele Verbrechen begangen!

ÜBUNG 9 **S. 36**

1.	*Sg.*	*Pl.*
Nom.	aliqui vir	aliqui viri
Gen.	alicuius viri	aliquorum virorum
Dat.	alicui viro	aliquibus viris
Akk.	aliquem virum	aliquos viros
Abl.	aliquo viro	aliquibus viris

2.	*Sg.*	*Pl.*
Nom.	aliqua fabula	aliquae fabulae
Gen.	alicuius fabulae	aliquarum fabularum
Dat.	alicui fabulae	aliquibus fabulis
Akk.	aliquam fabulam	aliquas fabulas
Abl.	aliqua fabula	aliquibus fabulis

3.	*Sg.*	*Pl.*
Nom.	aliquod animal	aliqua animalia
Gen.	alicuius animalis	aliquorum animalium
Dat.	alicui animali	aliquibus animalibus
Akk.	aliquod animal	aliqua animalia
Abl.	aliquo animali	aliquibus animalibus

ÜBUNG 10 **S. 36**

Sg.	*m*	*f*	*n*
Nom.	quidam	quaedam	quoddam
Gen.	cuiusdam	cuiusdam	cuiusdam
Dat.	cuidam	cuidam	cuidam
Akk.	quendam	quandam	quoddam
Abl.	quodam	quadam	quodam

Pl.	*m*	*f*	*n*
Nom.	quidam	quaedam	quaedam
Gen.	quorundam	quarundam	quorundam
Dat.	quibusdam	quibusdam	quibusdam
Akk.	quosdam	quasdam	quaedam
Abl.	quibusdam	quibusdam	quibusdam

Keine Formen von *quidam* sind: quondam, quia, quinam, quodlibet, quidem, quisque.

ÜBUNG 11 **S. 36**
alicuius / aliqui libri
aliquam statuam
aliquorum hominum
aliquo agricolā
aliquos servos
aliquibus arcibus
aliquod templum
alicui duci
alicuius / alicui / aliquae provinciae
aliqua dona

ÜBUNG 12 **S. 36**
De **quibusdam** rebus disputavimus. – Wir haben über gewisse Dinge diskutiert.
Quid facis? – Versus **cuiusdam** poetae lego. – Was machst du? – Ich lese die Verse eines gewissen Dichters.
Gaius semper fabulam **quandam** audire vult. – Gaius will immer eine bestimmte Geschichte hören.
Vidimus in foro **quendam** senatorem. – Auf dem Forum haben wir einen gewissen Senator gesehen.
Quidam dicunt Ciceronem optimum oratorem fuisse. – Manche sagen, dass Cicero der beste / ein hervorragender Redner gewesen sei.

ÜBUNG 13 **S. 37**
1. Der Bote meldete nichts Gutes.
2. Ich habe (überhaupt) kein Vertrauen.
3. Nachts haben wir niemanden in der Stadt gesehen.
4. Die lateinische Sprache wird von niemandem gefürchtet.
5. Tullius vertraut niemandem außer / nur seinem besten Freund.
6. Publius fürchtet nichts mehr als Hunde.

ÜBUNG 14 **S. 37**
Quidam imperator **toti** urbi perniciei fuit. – Ein gewisser Befehlshaber gereichte der ganzen Stadt zum Verderben.
Utrum consilium tibi placet? – **Neutrum.** – Welcher der beiden Pläne gefällt dir? – Keiner.
Alter senator eruditissimus erat, **alterius** senatoris domus maxima erat. – Der eine Senator war äußerst gebildet, der andere Senator besaß ein riesengroßes Haus.

Alii laborare non debent, **alii** semper laborant. – Die einen müssen nicht arbeiten, die anderen arbeiten ständig.

ÜBUNG 15 **S. 37**
Si **quis** venit, Publius laetus est. – Wenn jemand kommt, ist Publius fröhlich.
Audio **aliquem** venire. Num **qui** inimicus est? – Ich höre jemanden kommen. Ist es etwa ein Feind?
Timeo, ne **quid** arrogantius dicat. – Ich fürchte, dass er / sie etwas ziemlich Anmaßendes sagt.

Klassenarbeiten

AUFGABE 1 **S. 38**
eorum liberorum; iis magistratibus; illam epistulam; istos viros; illi arbori; illud negotium; hōc imperatore; huius aedis

AUFGABE 2 **S. 38**
modo **quodam** → **modis quibusdam**
adulescens **quidam** → **adulescentes quidam**
diem **quendam** → **dies quosdam**
duci **cuidam** → **ducibus quibusdam**
poetarum **quorundam** → **poetae cuiusdam**

AUFGABE 3 **S. 38**
Erat Verres **quidam,** senator Romanus. **Is** a Cicerone accusatus est. Cicero timuit, ne **ea** res sibi odium afferret apud amicos **istius** hominis scelesti. Tamen de sceleribus **illius** orationem habuit. – Es war einmal ein gewisser Verres, ein römischer Senator. Dieser wurde von Cicero angeklagt. Cicero fürchtete, dass dieser Sachverhalt (= die Anklage) ihm bei den Freunden dieses (elenden) Verbrechers Hass einbringen würde. Er hielt dennoch eine Rede über die Verbrechen von jenem (vorher genannten).

AUFGABE 4 **S. 39**
sine **ulla** spe – ohne jegliche Hoffnung
sermones **utriusque** linguae – Gespräche in jeder der beiden Sprachen
sola spes rei publicae – die einzige Hoffnung des Staates
deus **totius** caeli – Gott des gesamten Himmels
officium **alterius** consulis – die Aufgabe des anderen Konsuls

AUFGABE 5 **S. 39**
Galli deos **aliquos** colunt. – Die Gallier verehren irgendwelche Götter.
Nonne **aliquis** ex vobis mihi aderit? – Es wird mir doch einer von euch helfen?
Narra, si **quid / quem** vidisti. – Erzähle, wenn du etwas / jemanden gesehen hast.
Plinius librum de **aliqua** re scripsit. – Plinius hat ein Buch über irgendetwas geschrieben.
Romani timent, ne **qui** inimici Romam aggrediantur. – Die Römer fürchten, dass irgendwelche Feinde Rom angreifen.

AUFGABE 6 **S. 39**
Philosophus nulla re terretur. → Ein Philosoph wird durch nichts erschreckt. → adj.
Publius tristis est, nam nemo amicorum venit. →Publius ist traurig, denn niemand seiner Freunde ist gekommen. → subst.
Nemini credidi. → Ich habe niemandem geglaubt. → subst.
Nullam pecuniam habeo. → Ich habe (überhaupt) kein Geld. → adj.

AUFGABE 7 **S. 40**
illorum senatorum; illum virum; hoc consilium; has fabulas; huius diei; illis temporibus

AUFGABE 8 **S. 40**
huic **consuli** → **illi** consuli
hae **naves** → **illae** naves
hunc **canem** → **illum** canem
his **templis** → **illis** templis
haec **scelera** → **illa** scelera
huius **mercatoris** → **illius** mercatoris

AUFGABE 9 **S. 40**
1. quidam → quendam → quoddam → quodam → quadam → quibusdam → quarundam → quorundam → quosdam
2. aliqui → alicui → aliquem → aliquam → aliquas → aliqua → aliquorum → alicuius

AUFGABE 10 **S. 41**
Gladiator **eas** non timet. – Der Gladiator fürchtet die wilden Tiere / sie nicht.
Ubi est **is?** – Wo ist Markus / er?
Ii / Ei curiam intrant. – Die Senatoren / Sie betreten die Kurie.
Quintus cum **eo** ludit. – Quintus spielt mit seinem Bruder / ihm.

AUFGABE 11 **S. 41**
Quis Verrem praetorem appellavit? Magistratus **aliqui**? Minime. – Wer hat Verres zum Prätor ernannt? Irgendein Beamter? Keineswegs.
Quodam die Romam perveni. – An einem gewissen Tag kam ich in Rom an.
Philosophus **quidam** hoc dixit. – Ein gewisser Philosoph hat das gesagt.
Num **quod** officium illo maius est? – Ist etwa irgendeine Pflicht größer / wichtiger als jene?

AUFGABE 12 **S. 41**
Aliis (Dat. Pl. m von *alius*) consilium, aliis (Dat. Pl. m von *alius*) animus, sed voluntas pugnandi nemini (Dat. Sg. von *nemo*) defuit. – Den einen fehlte die Klugheit, den anderen der Mut, aber niemandem der Wille zu kämpfen.
Sapientem nullius rei (Gen. Sg. von *nihil*) paenitet. – Der Weise bereut nichts.
Dictae sunt sententiae, quarum neutram (Akk. Sg. f von *neuter*) probo. – Es wurden Meinungen gesagt / vertreten, von denen ich keine (von beiden) billige.
Lucius nullum (Akk. Sg. m von *nullus*) servum habet. – Lucius besitzt keinen einzigen Sklaven.

4 Tempusformen des Verbs

ÜBUNG 1 **S. 44**
nos salutamus; ego fugio; vos dormitis; tu canis; ii capiunt

ÜBUNG 2 **S. 44**

mittere	*aperire*	*ridere*
mittis	aperis	rides
mittitis	aperitis	ridetis
mitto	aperio	rideo
mittunt	aperiunt	rident

ÜBUNG 3 **S. 44**
tradebam: **1. Ps. Sg. Imperf. → ich übergab**
terrent: **3. Ps. Pl. Präs. → sie erschrecken**
orabat: **3. Ps. Sg. Imperf. → er / sie / es bat**
dividebamus: **1. Ps. Pl. Imperf. → wir teilten**

ÜBUNG 4 **S. 45**

es: **eras**	erant: **sunt**
fueram: **sum**	fuistis: **eratis**
esse: **fuisse**	est: **fuerat**
sumus: **eramus**	fueras: **fuisti**

ÜBUNG 5 **S. 45**

	Imperfekt	*Perfekt*	*Plusquamperfekt*
1. Ps. Sg.	flebam	flevi	fleveram
2. Ps. Sg.	docebas	docuisti	docueras
3. Ps. Sg.	ibat	iit	ierat
1. Ps. Pl.	agebamus	egimus	egeramus
2. Ps. Pl.	dicebatis	dixistis	dixeratis
3. Ps. Pl.	movebant	moverunt	moverant

ÜBUNG 6 **S. 45**
venimus: **1. Ps. Pl., Dehnungsperfekt → venire – kommen**
risisti: **2. Ps. Sg., s-Perfekt → ridere – lachen**
aperuit: **3. Ps. Sg., u-Perfekt → aperire – öffnen**
accendi: **1. Ps. Sg., Stammperfekt → accendere – anzünden**
cecidistis: **2. Ps. Pl., Reduplikationsperfekt → cadere – fallen** (*oder* cecīdistis → caedere – fällen)
fecerunt: **3. Ps. Pl., Ablautperfekt → facere – machen, tun**

ÜBUNG 7 **S. 46**
Nachdem ich dich auf dem Forum erblickt hatte, habe ich deinen Namen gerufen. Aber du hast nicht gehört.
Ich hatte kaum den Brief meines Vaters gelesen, als er selbst kam.
Der Lehrer lobte Publius, da er gut gelernt hatte.
Ich hatte dir damals geholfen. Dennoch hast du mich nun im Stich gelassen.

ÜBUNG 8 **S. 46**
eram / ambulabam: Im Sommer war ich immer bei meinem Großvater. Mit ihm pflegte ich lange Spaziergänge zu machen.
advenerunt / salutavit: Die Gäste kamen an und Publius begrüßte sie.
fuisti / vocabam / quaerebam: Wo bist du gewesen? Ich habe dich immer wieder gerufen und dich überall gesucht.
erant / vicerunt: Die Römer waren Sieger über alle Feinde, aber Hannibal haben sie nicht sofort besiegt.

ÜBUNG 9 **S. 49**
accusabunt; faciam; vocabis; incipiet; ridebunt; manebimus; poscetis

ÜBUNG 10 **S. 49**
responde**bis**; ride**bu**nt; vide**b**o; comprehend**e**tis; curr**a**m; audi**e**t; er**i**mus; bib**e**s; celebra**bi**t; clama**bi**mus

ÜBUNG 11 **S. 49**

	Sg.	*Pl.*
1. Ps.	fecero	fecerimus
2. Ps.	feceris	feceritis
3. Ps.	fecerit	fecerint

ÜBUNG 12 **S. 49**
An alle angegebenen Perfektstämme können folgende Endungen angehängt werden:
-ero, -eris, -erit, -erimus, -eritis, -erint

ÜBUNG 13 **S. 50**
moverunt: **sie haben bewegt → movebunt**
certant: **sie wetteifern → certabunt**
credo: **ich glaube → credam**
fuistis: **ihr seid gewesen → eritis**
dubitamus: **wir zweifeln → dubitabimus**
adiuvisse: **geholfen haben → adiuturum, -am, -um esse**
rapiunt: **sie rauben → rapient**
fugis: **du fliehst → fugies**
intellexisti: **du hast verstanden → intelleges**

ÜBUNG 14 **S. 50**
Claudius se vent**urum** esse promisit. – Claudius versprach zu kommen.
Corneliam id non fact**uram** esse confido. – Ich vertraue darauf, dass Cornelia das nicht tun wird.
Cicero se Athenis multa vis**urum** esse credidit. – Cicero glaubte, dass er in Athen Vieles sehen werde.
Mater filios domi fut**uros** esse sperat. – Die Mutter hofft, dass ihre Söhne zuhause sein werden.

ÜBUNG 15 **S. 50**
Si servi bene **laboraverint** (Futur II), dominus eos **laudabit** (Futur I). – Wenn die Sklaven gut gearbeitet haben, wird der Herr sie loben.
Rufus multa templa **videbit** (Futur I), si Romam **advenerit** (Futur II). – Rufus wird viele Tempel sehen, wenn er in Rom ankommt.
Simulac aliquid novi **audivero** (Futur II), tibi epistulam **scribam** (Futur I). – Sobald ich etwas Neues gehört habe, werde ich dir einen Brief schreiben.
Etsi eum **rogavero** (Futur II), non **respondebit** (Futur I). – Auch wenn ich ihn frage, wird er nicht antworten.

ÜBUNG 16 **S. 53**
nolle: nolo, non vis, non vult, nolumus, non vultis, nolunt
malle: malo, mavis, mavult, malumus, mavultis, malunt

ÜBUNG 17 **S. 53**

Präsens	*Imperfekt*	*Futur I*	*Perfekt*
eo	ibant	ibis	ii
imus	ibam	ibunt	iit
eunt	ibatis	ibitis	iimus

Die übrigen Formen gehören zum Demonstrativpronomen *is / ea / id: ea, eum, eis, eos, id.*
Zweideutig sind die Formen *eo* und *ii* (Demonstrativpronomen *is / ea / id* oder *ire*-Formen).

ÜBUNG 18 **S. 53**
Cicero orationem habere **voluit.** – Cicero wollte eine Rede halten.
Tullius et Cornelia domi manere debent. Avum autem visitare **malunt.** – Tullius und Claudia müssen zu Hause bleiben. Aber sie wollen lieber ihren Großvater besuchen.
Gaio epistulam scribere **nolo.** – Ich will Gaius keinen Brief schreiben.

Claudius dormire quam studere **mavult.** – Claudius will lieber schlafen als lernen.
Num Romam ire **non vis?** – Willst du etwa nicht nach Rom gehen?

ÜBUNG 19 S. 54
inferre – hineintragen, angreifen
obesse – hinderlich sein, schaden
efferre – hinaustragen
praeesse – vorn sein, an der Spitze stehen
adire – hingehen, besuchen
obire – entgegengehen
redire – zurückkehren
conferre – zusammentragen

ÜBUNG 20 S. 54
2. Ps. Sg. Perf.: **praetulisti**
1. Ps. Sg. Präs.: **praefero**
3. Ps. Sg. Präs.: **praefert**
2. Ps. Sg. Imperf.: **praeferebas**
1. Ps. Sg. Fut. I: **praeferam**
1. Ps. Pl. Imperf.: **praeferebamus**
2. Ps. Sg. Fut. II: **praetuleris**
3. Ps. Pl. Präs.: **praeferunt**
2. Ps. Pl. Fut. I: **praeferetis**
3. Ps. Pl. Plusqu.: **praetulerant**

ÜBUNG 21 S. 55
Tacete! → **Nolite tacere!**
Domum i! → **Noli domum ire!**
Servi, cibos ferte! → **Servi, nolite cibos ferre!**
Amici, ridete! → **Amici, nolite ridere!**
Stude! → **Noli studere!**

ÜBUNG 22 S. 55
optabit → **volet**
magis optaverunt → **maluerunt**
optaveris → **volueris**
non optas → **non vis**
optabas → **volebas**
magis optamus → **malumus**

Klassenarbeiten

AUFGABE 1 S. 56
explicamus → explicare – erklären
expello → expellere – vertreiben
sumus → esse – sein
laboro → laborare – arbeiten
mittunt → mittere – schicken
occupat → occupare – besetzen
sumis → sumere – nehmen
agitis → agere – tun, handeln

AUFGABE 2 S. 56

Perfekt	*Plusquamperf.*	*Futur II*
fuistis	fueratis	monstraveris
gesserunt	duxerant	paruero
habuisti	egeram	vocaverint
legimus	nolueras	pepulerimus
mandavistis	tulerat	tulerit
peperci	intraverat	fuerint

AUFGABE 3 S. 56
eo → ibam → ibat → ierat → ieramus → ibimus → ibo → iero → ii → isti → is → imus → eo

AUFGABE 4 S. 57
amant: **amabunt**
imus: **ibimus**
fleo: **flebo**
malo: **malam**
fugitis: **fugietis**
estis: **eritis**
eo: **ibo**
gerimus: **geremus**
vult: **volet**
fert: **feret**

AUFGABE 5 S. 57

v-Perfekt	*u-Perfekt*	*Dehnungsperfekt*
petivi	censui	movi
Stammperfekt	*s-Perfekt*	*Reduplikationsperfekt*
metui	iussi	poposci

AUFGABE 6 S. 57
Iterum iterumque te **invitabam,** tu autem nondum **venisti.** – Ich habe dich immer wieder eingeladen, aber du bist noch nicht gekommen.
Si ad nos **veneris,** consilium **capiemus.** – Wenn du zu uns kommst, werden wir einen Plan fassen.
Ovidius poeta in exsilio vivere **noluit,** cum suis esse **maluit.** – Der Dichter Ovid wollte nicht im Exil leben, er wollte lieber mit seiner Familie zusammensein.

Postquam Romam **adveni,** statim in forum **properavi.** – Nachdem ich in Rom angekommen war, eilte ich sofort auf das Forum.
Simul senator Romam **advenerit,** in curiam **properabit.** – Sobald der Senat in Rom ankommt, wird er in die Kurie eilen.
Servi patrem semper **salutabant,** postquam domum **rediit.** – Die Sklaven pflegten meinen Vater immer zu begrüßen, nachdem er nach Hause zurückgekehrt war.

AUFGABE 7 **S. 58**

	Sg.	*Pl.*
1. Ps.	dormio	ridemus
2. Ps.	dicis	cantatis
3. Ps.	quaerit	fugiunt

dormio: dormire, i-Konj.; dicis: dicere, kons. Konj.; quaerit: quaerere, kons. Konj.; ridemus: ridere, e-Konj.; fugiunt: fugere, gem. Konj.

AUFGABE 8 **S. 58**
aperimus: **aperiebamus**
sunt: **erant**
demittit: **demittebat**
eo: **ibam**
vultis: **volebatis**
gaudes: **gaudebas**
accendunt: **accendebant**
spectamus: **spectabamus**
facitis: **faciebatis**
non vis: **nolebas**

AUFGABE 9 **S. 58**
v-Perfekt: adorare → adoravi
u-Perfekt: colere → colui
s-Perfekt: ludere → lusi
Reduplikationsperfekt: tradere → tradidi
Dehnungsperfekt: venire → veni
Stammperfekt: defendere → defendi

AUFGABE 10 **S. 59**
Indikativ Perfekt: misisti, volui, fecimus, dixerunt, cogitavit, emistis
Futur II: cognoveris, habuerit, fuerimus, neglexerint, scripsero, effugeritis

AUFGABE 11 **S. 59**
Cras pater domum **redibit.** – Morgen wird der Vater nach Hause zurückkehren.
Aeneas sociique patriam novam **invenient.** – Aeneas und seine Gefährten werden eine neue Heimat finden.
Marco litteras **scribam.** – Ich werde Markus einen Brief schreiben.
Lucius semper amicus Gaii **manebit.** – Lucius wird immer ein Freund des Gaius bleiben.

AUFGABE 12 **S. 59**
Serve, vinum apporta! → Serve, noli vinum apportare! – Sklave, bring Wein herbei / bring keinen Wein herbei!
Discipuli, domum ite! → Discipuli, nolite domum ire! – Schüler geht nach Hause / geht nicht nach Hause!
Troiani, e Carthagine fugite! → Troiani, nolite e Carthagine fugere! – Trojaner, flieht aus Karthago / flieht nicht aus Karthago!
Poeta, carmina lege! → Poeta, noli carmina legere! – Dichter, lies Gedichte vor / lies keine Gedichte vor!
Milites, pontem facite! → Milites, nolite pontem facere! – Soldaten baut eine Brücke / baut keine Brücke!

5 Das Passiv

ÜBUNG 1 **S. 62**

	Sg.	*Pl.*
1. Ps.	audior	audimur
2. Ps.	audiris	audimini
3. Ps.	auditur	audiuntur
Infinitiv	audiri	
	Sg.	*Pl.*
1. Ps.	portor	portamur
2. Ps.	portaris	portamini
3. Ps.	portatur	portantur
Infinitiv	portari	
	Sg.	*Pl.*
1. Ps.	rapior	rapimur
2. Ps.	raperis	rapimini
3. Ps.	rapitur	rapiuntur
Infinitiv	rapi	

ÜBUNG 2 **S. 62**
moneo → **moneor;** monebis → **moneberis;** monebam → **monebar;** monebitis → **monebimini;** monemus → **monemur;** monebat → **monebatur;** monebunt → **monebuntur;** monebamus → **monebamur;** monetis → **monemini**

ÜBUNG 3 **S. 62**
monemini: **2. Ps. Pl. Präs. Passiv → ihr werdet ermahnt**
complebantur: **3. Ps. Pl. Imperf. Passiv → sie wurden gefüllt**
frangebatur: **3. Ps. Sg. Imperf. Passiv → er / sie / es wurde zerbrochen**
aperietur: **3. Ps. Sg. Fut. I Passiv → er / sie / es wird geöffnet werden**
custodimur: **1. Ps. Pl. Präs. Passiv → wir werden bewacht**
regeris: **2. Ps. Sg. Präs. Passiv → du wirst geleitet,** *oder* **regēris: 2. Sg. Fut. I Passiv → du wirst geleitet werden**
bibetur: **3. Ps. Sg. Fut. I Passiv → er / sie / es wird getrunken werden**
fleberis: **2. Ps. Sg. Fut. I Passiv → du wirst beweint werden**

ÜBUNG 4 **S. 63**
donamini, donaris, donantur, donamur, donatur
capiuntur, capimini, capior, capimur, capientur, capitur, capieris
efficiebamini, efficiebar, efficiebaris, efficiebantur, efficiebamur, efficiebatur
franguntur, frangor, frangentur, frangeris
feruntur, feror, ferris, ferentur, fertur, fereris

ÜBUNG 5 **S. 63**
Lösungsvorschlag:
1. Der Brief wird geschrieben. → Epistula **a me / a te / a Tullio** scribitur. – Der Brief wird von mir / dir / Tullius geschrieben.
2. Ihr wurdet zu Hause erwartet. → Domi **a patre / a matre / a parentibus** exspectabamini. – Ihr wurdet zu Hause vom Vater / von der Mutter / von den Eltern erwartet.
3. Die Schüler werden nicht gelobt werden. → Discipuli **a magistro** non laudabuntur. – Die Schüler werden vom Lehrer nicht gelobt werden.
4. Die Schreibtäfelchen werden in die Schule gebracht. → Tabulae **a discipulis / a Marco** in scholam portantur. – Die Schreibtäfelchen werden von den Schülern / von Markus in die Schule gebracht.

ÜBUNG 6 **S. 63**
Publius a Claudi**a / o** voc**atur,** nam ab **ea / eo** quaer**itur.** – Publius wird von Claudia / -us gerufen, denn er wird von ihr / ihm gesucht.
Marce, cur semper a magistr**o** mon**eris?** – Marcus, warum wirst du immer vom Lehrer ermahnt?
Si Romam advenerimus, ab amic**is** iam exspect**abimur.** – Wenn wir in Rom ankommen, werden wir schon von den Freunden erwartet werden.
Fabula illa semper ab av**o** narr**abatur.** – Jene Geschichte wurde immer vom Großvater erzählt.

ÜBUNG 7 **S. 64**
Liberi portam aperiunt et avum salutant. → Port**a** **a** liber**is** aperi**tur** et av**us** (a liberis / ab eis) saluta**tur.** – Die Kinder öffnen die Tür und begrüßen den Großvater. → Die Tür wird von den Kindern geöffnet, und der Großvater wird (von den Kindern / von ihnen) begrüßt.
Servi vinum aquamque iterum iterumque apportabant. → Vin**um** aqu**a**que **a** serv**is** iterum iterumque apportaba**ntur.** – Die Sklaven brachten immer wieder Wein und Wasser herbei. → Wein und Wasser wurden immer wieder von den Sklaven herbeigebracht.
Pater nocte filium exspectat. → Fili**us** nocte **a** patr**e** exspecta**tur**. – Der Vater wartet nachts auf seinen Sohn. → Der Sohn wird nachts von seinem Vater erwartet.
Mater hospites in atrium ducet. → Hospites **a** matre in atrium duc**entur.** – Die Mutter wird die Gäste ins Atrium führen. → Die Gäste werden von der Mutter ins Atrium geführt werden.

ÜBUNG 8 **S. 64**
Lösungsvorschlag:
Senatores Romani non falluntur. – Römische Senatoren lassen sich nicht täuschen.
Statua Neptuni frangitur. – Man zerbricht die Statue Neptuns.
Nemo nocte in viis videbatur. – Nachts sah man niemanden auf den Straßen.
Tempora mutantur. – Die Zeiten ändern sich.
Milites in hostes ferebantur. – Die Soldaten stürzten sich auf / eilten gegen die Feinde.

ÜBUNG 9 **S. 67**

	Sg.	*Pl.*
1. Ps.	relictus, -a, -um sum	relicti, -ae, -a sumus
2. Ps.	relictus, -a, -um es	relicti, -ae, -a estis
3. Ps.	relictus, -a, -um est	relicti, -ae, -a sunt
Infinitiv	relictum, -am, -um esse	

	Sg.	*Pl.*
1. Ps.	fractus, -a, -um sum	fracti, -ae, -a sumus
2. Ps.	fractus, -a, -um es	fracti, -ae, -a estis
3. Ps.	fractus, -a, -um est	fracti, -ae, -a sunt
Infinitiv	fractum, -am, -um esse	

	Sg.	*Pl.*
1. Ps.	apertus, -a, -um sum	aperti, -ae, -a sumus
2. Ps.	apertus, -a, -um es	aperti, -ae, -a estis
3. Ps.	apertus, -a, -um est	aperti, -ae, -a sunt
Infinitiv	apertum, -am, -um esse	

ÜBUNG 10 **S. 67**

Die PPPs mit den Endungen -i, -ae *und* -a *(Nom. Pl. m / f / n) können alle mit den Pluralformen* estis / erant / erimus *und* eratis *verbunden werden. Die PPPs auf* -a *(als Nom. Sg. f!) können außerdem mit den Singularformen* est / es / erat *und* erit *stehen. Die PPPs auf* -um *(Nom. Sg. n) und* -us *(Nom. Sg. m) passen nur zu den Singularformen* est / es / erat *und* erit. *Beispiele:* relicti estis, reprehensae erimus, fracta erant, salutata erat, datum erit, irrisus es.

ÜBUNG 11 **S. 67**

iudicaverit: **iudicatus, -a, -um erit**
traxi: **tractus, -a, -um sum**
scripsit: **scriptus, -a, -um est**
egero: **actus, -a, -um ero**
mandaveras: **mandatus, -a, -um eras**
dimisisti: **dimissus, -a, -um es**
pepulistis: **pulsi, -ae, -a estis**
exspectaverat: **exspectatus, -a, -um erat**
sumpserant: **sumpti, -ae, -a erant**
interfecerint: **interfecti, -ae, -a erunt**
condiderunt: **conditi, -ae, -a sunt**
deceperimus: **decepti, -ae, -a erimus**
defeceratis: **defecti, -ae, -a eratis**
duxisti: **ductus, -a, -um es**

ÜBUNG 12 **S. 68**

Publius a magistro iam **exspectatus est.** – Publius wurde schon vom Lehrer erwartet.
Discipuli heri non **laudati sunt,** nam tabulae ab eis in scholam non **portatae erant.** – Die Schüler wurden gestern nicht gelobt, denn die Schreibtäfelchen waren von ihnen nicht in die Schule gebracht worden.
Si epistula **scripta erit,** ad te mandabitur. – Wenn der Brief geschrieben ist (sein wird), wird er an dich geschickt werden.
Amicae a Cornelia **salutatae sunt,** postquam porta **aperta est.** – Die Freundinnen wurden von Cornelia begrüßt, nachdem die Tür geöffnet worden war. (Nach *postquam* steht Ind. Perf.!)
Roma a Romulo **condita est.** – Rom ist von Romulus gegründet worden.

ÜBUNG 13 **S. 68**

hortari: **hortor, *hortaris (du ermahnst)*, hortatur, hortamur, hortamini, hortantur**
reri: **rebor, reberis, *rebitur (er / sie / es wird meinen)*, rebimur, rebimini, rebuntur**
pati: **passus, -a, -um eram / eras / erat, *passi, -ae, -a* eramus / eratis / *erant (sie hatten erlitten)***
mentiri: **mentitus, -a, -um ero / eris / erit, *mentiti, -ae, -a* erimus / *eritis (ihr werdet gelogen haben)* / erunt**
loqui: **loquebar, loquebaris, *loquebatur (er / sie / es sprach)*, loquebamur, loquebamini, loquebantur**

Klassenarbeiten

AUFGABE 1 **S. 70**

adduce**tur**; amittun**tur**; excitabo**r**; mandaba**mini**; retineri**s** / retineri; vinca**r**; tolleba**tur**; volven**tur**; videbi**mur**

AUFGABE 2 **S. 70**

accusati erant → **accusare: 3. Ps. Pl. Plusqu. Pass. m**
decepti sumus → **decipere: 1. Ps. Pl. Perf. Pass. m**
posita erunt → **ponere: 3 Ps. Pl. Futur II Pass. n**
divisa est → **dividere: 3. Ps. Sg. Perf. Pass. f**
motae eritis → **movere: 2. Ps. Pl. Fut. II Pass. f**
arreptus es → **arripere: 2. Ps. Sg. Perf. Pass. m**
ductae eramus → **ducere: 1. Ps. Pl. Plusqu. Pass. f**
clausum est → **claudere: 3. Ps. Sg. Perf. Pass. n**

AUFGABE 3 **S. 70**
du wirst erwartet: **exspectaris**
er wird besiegt worden sein: **victus erit**
wir wurden eingeladen: **invitabamur**
sie sind verspottet worden: **irrisi, -ae, -a sunt**
ich werde erfreut werden: **delectabor**
ihr wart verlassen worden: **relicti, -ae, -a eratis**
du wirst gehört: **audiris**
du wirst gefunden werden: **reperieris**

AUFGABE 4 **S. 71**

reri	***res***	***reus***
reberis	*rebus*	*reis*
(2. Ps. Sg. Fut. I)	(Dat. / Abl. Pl.)	(Dat. / Abl. Pl.)
reris	*rerum*	*reos*
(2. Ps. Sg. Präs.)	(Gen. Pl.)	(Akk. Pl.)
reor	*rei*	*rei*
(1. Ps. Sg. Präs.)	(Gen. / Dat. Sg.)	(Gen. Sg. / Nom. Pl.)
remur	*rem*	*reum*
(1. Ps. Pl. Präs.)	(Akk. Sg.)	(Akk. Sg.)
rebamini	*re*	*reo*
(2. Ps. Pl. Impf.)	(Abl. Sg.)	(Abl. Sg.)

AUFGABE 5 **S. 71**
1. Gaius amicos quaerit et vocat. → Amici a Gaio quaeruntur et vocantur. – Die Freunde werden von Gaius gesucht und gerufen.
Perfekt: Amici a Gaio quaesiti et vocati sunt.
2. Paulo post amici clamorem eius audiunt. → Paulo post clamor eius ab amicis auditur. – Bald darauf wird sein Rufen von den Freunden gehört.
Perfekt: Paulo post clamor eius ab amicis auditus est.
3. Servi cibos afferunt. → Cibi a servis afferuntur. – Von den Sklaven werden Speisen gebracht. *Perfekt:* Cibi a servis allati sunt.
4. Gaius et amici vas frangunt. → Vas a Gaio et amicis frangitur. – Das Gefäß wird von Gaius und seinen Freunden zerbrochen. *Perfekt:* Vas a Gaio et amicis fractum est.
5. Mater eos monet. → Ei (ii) a matre monentur. – Sie werden von der Mutter ermahnt. *Perfekt:* Ei (ii) a matre moniti sunt.
6. Romani Gallos vincent. → Galli a Romanis vincentur. – Die Gallier werden von den Römern besiegt werden. *Perfekt:* Galli a Romanis victi sunt.

AUFGABE 6 **S. 71**
Lösungsvorschlag:
Der Getreidepreis verringert sich / sinkt.
Ein Haus wurde gebaut. / Man hat ein Haus gebaut.
Viele Menschen werden durch einen Blitz erschreckt / lassen sich ... erschrecken.
Die Feinde werden getäuscht werden / werden sich täuschen (lassen).
Die Bäume waren gefällt worden. / Man hatte die Bäume gefällt.
Griechische Statuen werden günstig verkauft. / Man verkauft griechische Statuen zu einem günstigen Preis.

AUFGABE 7 **S. 72**
pellor: 1. Ps. Sg. Ind. Präs. Pass.
ferimini: 2. Ps. Pl. Ind. Präs. Pass.
quaerebamini: 2. Ps. Pl. Ind. Imperf. Pass.
quaerebatur: 3. Ps. Sg. Ind. Imperf. Pass.
quaerebaris: 2. Ps. Sg. Ind. Imperf. Pass.
quaerebantur: 3. Ps. Pl. Ind. Imperf. Pass.
terrebimini: 2. Ps. Pl. Fut. I Pass.
terrebitur: 3. Ps. Sg. Fut. I Pass.
defendemini: 2. Ps. Pl. Fut. I Pass.
defendetur: 3. Ps. Sg. Fut. I Pass.
defenderis: 2. Ps. Sg. Ind. Präs. Pass. / Fut. I Pass.
defendentur: 3. Ps. Pl. Fut. I Pass.

AUFGABE 8 **S. 72**
dicta **sunt**
laudata **ero**
parati **erant**
raptus **eris**
datum **est**
auditi **eratis**

AUFGABE 9 **S. 72**
deleverit → deletus, -a, -um erit – er / sie / es wird zerstört worden sein
superavi → superatus, -a, -um sum – ich bin übertroffen worden
relinquis → relinqueris – du wirst verlassen
amabatis → amabamini – ihr wurdet geliebt
vicerant → victi, -ae, -a erant – sie waren besiegt worden
timebimus → timebimur – wir werden gefürchtet werden
accepit → acceptus, -a, -um est – er / sie / es ist empfangen worden

AUFGABE 10 **S. 73**

du wirst ermahnen – **hortaberis**
wir haben geglaubt – **rati, -ae, -a sumus**
sie hatten gesprochen – **locuti, -ae, -a erant**
er leidet – **patitur**

AUFGABE 11 **S. 73**

Statuae Graecae a **mercatore** venduntur. – Es werden griechische Statuen vom Kaufmann verkauft.
Equus ligneus a **Graecis** in litore relictus est et a **Troianis** in oppidum tractus est. – Ein hölzernes / Das hölzerne Pferd wurde von den Griechen am Strand zurückgelassen und von den Trojanern in die Stadt gezogen.
Galli a **Caesare** victi erant. – Die Gallier waren von Cäsar besiegt worden.

AUFGABE 12 **S. 73**

Nox exspectatur. – Die Nacht wird erwartet. / Man erwartet die Nacht.
Terra iterum movebatur. – Die Erde bewegte sich / bebte wieder.
Pons factus est. – Die Brücke ist erbaut worden / wurde erbaut. / Man hat eine Brücke gebaut / baute eine Brücke.
Oppidum fortiter defensum erat. – Die Stadt war tapfer verteidigt worden. / Man hatte die Stadt tapfer verteidigt.

6 Partizipien

ÜBUNG 1 **S. 75**

Sg. m/f	*n*	*Pl. m/f*	*n*
ducens	ducens	ducentes	ducentia
ducentis	ducentis	ducentium	ducentium
ducenti	ducenti	ducentibus	ducentibus
ducentem	ducens	ducentes	ducentia
ducente	ducente	ducentibus	ducentibus

ÜBUNG 2 **S. 75**

PPA	*PPP*	*PFA*
postulanti	territos	vocaturi
consulentes	praeteritorum	visurae
tacenti	victi	facturus

ÜBUNG 3 **S. 75**

monitum: **Nom. / Akk.Sg. n, Akk. Sg. m → monere**
permissos: **Akk. Pl. m → permittere**
lectae: **Gen. / Dat. Sg. f, Nom. Pl. f → legere**
collocata: **Nom. / Abl. Sg. f, Nom. / Akk. Pl. n → collocare**
prohibitis: **Dat. / Abl. Pl. m / f / n → prohibere**
apertam: **Akk. Sg. f → aperire**
dictorum: **Gen. Pl. m / n → dicere**
victo: **Dat. / Abl. Sg. m / n → vincere**
punitas: **Akk. Pl. f → punire**
interfectus: **Nom. Sg. m → interficere**

ÜBUNG 4 **S. 75**

puellae canent**is / -i / -es**
matrem monitur**am**
liberorum flent**ium**
urbe expugnat**a**
avo visitatur**o**

ÜBUNG 5 **S. 76**

Lösungsvorschlag:
puella ridens – das lachende / ein lachendes Mädchen / ein Mädchen, das lacht
hostes victi – die besiegten Feinde / die Feinde, die besiegt (worden) sind / waren
senatores domum redituri – die Senatoren, die im Begriff sind / die Absicht haben, nach Hause zurückzukehren
senatus consilium capiens – der Senat, der einen Plan fasst
Gallia a Caesare expugnata – das von Caesar eroberte Gallien / Gallien, das von Caesar erobert worden ist / war
filius labores molestos confecturus – der Sohn, der im Begriff ist, lästige Arbeiten zu erledigen

ÜBUNG 6 **S. 76**

Videtisne illam domum nuper **aedificatam?** – Seht ihr jenes Haus dort, das neulich erbaut worden ist?
Imperator oppidum hostium **oppugnaturus** a castris profectus est. – Der Feldherr, der die Stadt der Feinde belagern wollte, brach vom Lager auf / brach in der Absicht auf, die Stadt der Feinde zu belagern.
Discipuli tabulas **portantes** in scholam eunt. – Die Schüler, die ihre Schreibtäfelchen tragen, gehen in die Schule.

ÜBUNG 7 **S. 79**
carmina scripta; consilium captum; sorori quaerenti; puerorum ridentium; hostibus victis; templo aedificato

ÜBUNG 8 **S. 79**
matrem filium quaerentem; carmina a poeta scripta; liber a Marco lectus; urbs moenibus circumdata

ÜBUNG 9 **S. 79**
Tullius a patre monitus magno cum studio studet. – Tullius lernt, da der Vater ihn ermahnt hatte, mit großem Eifer. Gedankliches Verhältnis: kausal; Zeitverhältnis: vorzeitig
Dominus servos bene laborantes monuit. – Obwohl die Sklaven gut arbeiteten, ermahnte der Herr sie. Gedankliches Verhältnis: konzessiv; Zeitverhältnis: gleichzeitig (zum Prädikat im Perfekt!)

ÜBUNG 10 **S. 80**
Satz 1: Daedalus in exsilium missus in Cretam insulam iit.
1. Prädikat: *iit,* Subjekt: *Daedalus,* Adverbiale: *in Cretam insulam,* Partizipkonstruktion: *missus*
2. *in exsilium:* Adverbiale („wohin?") zu *missus*
3. PPP, Nom. Sg. m
4. *Daedalus,* Subjekt
5. vorzeitig
6. Daedalus ging auf die Insel Kreta.
7. Daedalus war ins Exil geschickt worden.
8. kausal oder temporal möglich
9. Daedalus ging, da / nachdem er ins Exil geschickt worden war, auf die Insel Kreta.

Satz 2: Bruto oraculum interroganti responsum datum est.
1. Prädikat: *datum est,* Subjekt: *responsum,* Dativobjekt: *Bruto,* Partizipkonstruktion: *interroganti*
2. *oraculum:* Akkusativobjekt zu *interroganti*
3. PPA, Dat. Sg. m / f / n
4. *Bruto,* Dativobjekt
5. gleichzeitig
6. Brutus wurde eine Antwort gegeben / erhielt eine Antwort.
7. Brutus befragt(e) das Orakel.
8. temporal
9. Als Brutus das Orakel befragte, erhielt er eine Antwort.

ÜBUNG 11 **S. 80**
Amicum etiam **absentem** laudamus. – Wir loben den Freund, **auch wenn** er abwesend ist. / Der Freund ist abwesend, **dennoch** loben wir ihn. / **Trotz** seiner Abwesenheit loben wir den Freund.
Incolae ex urbe a hostibus **expugnatā** fugerunt. – Die Einwohner flohen aus ihrer Stadt, **da** sie von den Feinden erobert worden war / Feinde sie erobert hatten. / Die Einwohner flohen aus ihrer Stadt, **denn** Feinde hatten sie erobert. / Die Einwohner flohen aus ihrer Stadt, **nachdem** Feinde sie erobert hatten. / **Nach** der Eroberung durch Feinde flohen ...
Discipulos domum **redeuntes** vidi. – Ich habe Schüler gesehen, **während** sie nach Hause gingen. / Ich habe Schüler gesehen. Sie gingen **gerade** nach Hause. / Ich habe Schüler **auf** ihrem Nachhauseweg gesehen.

ÜBUNG 12 **S. 81**
spe adductus: **aus Hoffnung, hoffnungsvoll**
cupiditate inductus: **aus Verlangen**
timore perrterritus: **aus Furcht, angstvoll**
amore impulsus: **aus Liebe**
odio commotus: **aus Hass**

ÜBUNG 13 **S. 81**
Oratio a Cicerone habita senatoribus placuit. → *attributiv* – Die von Cicero gehaltene Rede gefiel den Senatoren. / Die Rede, die Cicero gehalten hatte, ...
Aeneas Troiam a Graecis deletam cum patre filioque reliquit. → *PC* – Aeneas verließ Troja, nachdem / da es von den Griechen zerstört war, zusammen mit seinem Vater und seinem Sohn. (Das Partizip könnte hier auch attributiv sein, ist aber unwahrscheinlicher: Aeneas verließ das von den Griechen zerstörte Troja zusammen mit ...)
Pater domum magno emptam familiae monstravit. → *attributiv* – Der Vater zeigte seiner Familie das Haus, das er für viel Geld gekauft hatte / ein Haus, das für viel Geld gekauft worden war.
Daedalus aedificium facere iussus labores coepit. → *PC* – Nachdem / da man ihm befohlen hatte, ein Gebäude zu bauen, begann Daedalus mit den Arbeiten.

ÜBUNG 14 S. 81
Lucius invitatus non venit. → *konzessiv* – Obwohl Lucius eingeladen (worden) war, kam er nicht. / Trotz Einladung kam Lucius nicht. / Lucius war eingeladen worden, dennoch kam er nicht.
Hospites advenientes riserunt. → *temporal* – Als die Gäste ankamen, lachten sie. / Die Gäste lachten bei ihrer Ankunft.
Amici Marcum visitaturi Romam adveniunt. → *final* – Marcus' Freunde kommen in Rom an, um ihn zu besuchen / in der Absicht, ihn zu besuchen.
Cornelia osculans matrem salutavit. → *modal* – Cornelia begrüßte ihre Mutter, indem sie sie küsste / mit einem Kuss.

ÜBUNG 15 S. 84
1. narrati (Gen. Sg. m / n, Nom. Pl. m)
2. Marce (Vok. Sg.)
3. urbis (Gen. Sg.)
4. vos (Nom. / Akk. Pl.)
5. petenti (Dat. Sg. m / f / n)

ÜBUNG 16 S. 84
Lösungsvorschlag:
urbe condita; consulibus creatis; arbore caesa; hostibus victis / pugnantibus; servo laborante; gladiatoribus pugnantibus / victis; domibus aedificatis

ÜBUNG 17 S. 84
Consulibus de salute rei publicae **disputantibus** Catilina coniurationem fecit.
Multis verbis **auditis** senatores curiam relinquunt.
His rebus **factis** Caesar profectus est.
Me **clamante** amici non audiunt. – Obwohl ich rufe, hören die Freunde nicht *(konzessiv)*.
Gladiatoribus diu **pugnantibus** populus valde delectatur. – Da die Gladiatoren lange kämpfen, amüsiert sich das Volk sehr *(kausal)*.

ÜBUNG 18 S. 85
Satz 1: Consulibus de salute rei publicae disputantibus Catilina coniurationem fecit.
1. Prädikat: *fecit,* Subjekt: Catilina, Akkusativobjekt: *coniurationem; consulibus:* Dat. / Abl. Pl., unklare Satzfunktion, Partizip: *disputantibus*
2. *de salute rei publicae:* Adverbiale zu *disputantibus*
3. PPA, Abl. Pl. m / f / n
4. *consulibus:* Abl. Pl.
5. gleichzeitig
6. Catilina zettelte eine Verschwörung an.
7. Die Konsuln diskutier(t)en über das Wohl des Staates.
8. temporal
9. Während die Konsuln über das Wohl des Staates diskutierten, zettelte Catilina eine Verschwörung an.

Satz 2: Multis verbis auditis senatores curiam relinquunt.
1. Prädikat: *relinquunt,* Subjekt: *senatores,* Akkusativobjekt: *curiam; verbis:* Dat. / Abl. Pl., unklare Satzfunktion, Attribut zu *verbis: multis,* Partizip: *auditis*
2. –
3. PPP, Abl. Pl. m / f / n
4. *verbis:* Abl. Pl.
5. vorzeitig
6. Die Senatoren verlassen die Kurie.
7. Viele Worte sind / waren gehört worden.
8. temporal
9. Nachdem die Senatoren viele Worte gehört haben, verlassen sie die Kurie.

Satz 3: His rebus factis Caesar profectus est.
1. Prädikat: *profectus est,* Subjekt: *Caesar; his rebus*: Dat. / Abl. Pl., unklare Satzfunktion, Attribut zu *rebus: his,* Partizip: *factis*
2. –
3. PPP, Abl. Pl. m / f / n
4. *rebus:* Abl. Pl.
5. vorzeitig
6. Caesar ist aufgebrochen.
7. Diese Dinge waren / Dies war geschehen.
8. temporal
9. Nachdem dies geschehen war, ist Caesar aufgebrochen.

ÜBUNG 19 S. 85
Matre monente liberi non student. –
Trotz Ermahnung der Mutter lernen sie nicht.
Gedankliches Verhältnis: *konzessiv* (gleichzeitig)
Coniuratione facta Catilina accusatus est. –
Catilina hatte eine Verschwörung angezettelt. Daraufhin wurde er angeklagt. / Aufgrund einer Verschwörung wurde Catilina angeklagt.

Gedankliches Verhältnis: *temporal / kausal* (vorzeitig)
Publio domum redeunte omnes incolae urbis iam dormiverunt. – Alle Einwohner der Stadt schliefen schon, als Publius nach Hause kam. Gedankliches Verhältnis: *temporal* (gleichzeitig)

ÜBUNG 20 S. 86
Lösungsvorschlag:
uxore invita; Ovidio vivo; civibus ignaris; parentibus invitis; Amulio rege; Pompeio consule; avo mortuo

ÜBUNG 21 S. 86
Caesare duce Romani Galliam expugnaverunt. – Unter der Führung Caesars eroberten die Römer Gallien.
Patre ignaro liberi in scholam non ierunt. – Ohne Wissen ihres Vaters gingen die Kinder nicht in die Schule.
Cicerone consule Catilina coniurationem fecit. – Unter dem Konsulat Ciceros zettelte Catilina eine Verschwörung an.
Hannibale duce Carthaginienses Romanos aggressi sunt. – Unter Hannibals Führung griffen die Karthager die Römer an.
Magistro invito discipuli semper rident. – Gegen den Willen des Lehrers lachen die Schüler immer.

ÜBUNG 22 S. 87
2., 4., 5.: wahr
1., 3., 6.: falsch

ÜBUNG 23 S. 87
Lösungsvorschlag:
Hic verbis dictis omnes tacuerunt. – *temporal:* Nachdem diese Worte gesagt worden waren, schwiegen alle. / Nach diesen Worten schwiegen alle.
Magno periculo imminente incolae animo non defecerunt. – *konzessiv:* Obwohl große Gefahr drohte, verloren die Einwohner Roms den Mut nicht. / Trotz drohender Gefahr verloren die Einwohner Roms den Mut nicht.
Troia deleta Aeneas in Italiam venit. – *temporal:* Nachdem Troja zerstört war, kam Aeneas nach Italien. / Nach der Zerstörung Trojas kam Aeneas nach Italien.
Epistula patris accepta Publius valde gaudet. – *temporal / kausal:* Nachdem / weil Publius einen Brief seines Vaters bekommen hat, freut er sich sehr. / Nach dem Erhalt / Aufgrund eines Briefes von seinem Vater freut sich Publius sehr. Publius hat einen Brief von seinem Vater erhalten. Daraufhin / Deshalb freut er sich sehr.
Hannibale in Africam redeunte Romani laeti sunt. – *temporal / kausal:* Als / Da Hannibal nach Afrika zurückkehrt, sind die Römer froh. / Hannibal kehrt nach Afrika zurück, deshalb sind die Römer froh.

Klassenarbeiten

AUFGABE 1 S. 88

	Sg.	*Pl.*
Nom.	urbs oppugnata	urbes oppugnatae
Gen.	urbis oppugnatae	urbium oppugnatarum
Dat.	urbi oppugnatae	urbibus oppugnatis
Akk.	urbem oppugnatam	urbes oppugnatas
Abl.	urbe oppugnata	urbibus oppugnatis

	Sg.	*Pl.*
Nom.	magister laudans	magistri laudantes
Gen.	magistri laudantis	magistrorum laudantium
Dat.	magistro laudanti	magistris laudantibus
Akk.	magistrum laudantem	magistros laudantes
Abl.	magistro laudante	magistris laudantibus

	Sg.	*Pl.*
Nom.	avus visitaturus	avi visitaturi
Gen.	avi visitaturi	avorum visitaturorum
Dat.	avo visitaturo	avis visitaturis
Akk.	avum visitaturum	avos visitaturos
Abl.	avo visitaturo	avis visitaturis

AUFGABE 2 S. 88
Caesare duce; militibus victis; templo aedificato; verbis dictis; Catilina damnato; rebus factis

AUFGABE 3 **S. 88**
Hostes timore adducti ex urbe fugerunt. – Die Feinde flohen aus Furcht / furchterfüllt aus der Stadt.
Poeta amore inductus versus fecit. – Der Dichter dichtete Verse aus Liebe.
Troiani spe impulsi Troiam relinquunt et in Italiam proficiscuntur. – Die Trojaner verlassen hoffnungsvoll Troja und brechen nach Italien auf.

AUFGABE 4 **S. 89**
Romulus et Remus, nepotes Numitoris regis, urbem novam condere cupiverunt. Regni autem cupiditate impulsi inter se certaverunt; postremo constituerunt auspicio controversiam componere. Sed auguriis ambiguis acceptis alii Remum, alii Romulum regem salutaverunt. Paulo post Romulus murorum fundamenta iam posuit, cum Remus inceptum illudens fratrem derisit. Romulus autem exclamavit: „Nemini hos muros transilire licebit!“ Remus verba fratris neglegens tamen murum transiluit. Tum Romulus ira incensus fratrem interfecit; sed fratre interfecto maxime doluit. Denique urbs ex nomine Romuli Roma nominata est.

AUFGABE 5 **S. 89**
1. **Participium coniunctum:** *impulsi, illudens, neglegens, incensus* (4), **Ablativus absolutus:** *auguriis acceptis, fratre interfecto* (2)
2. *impulsi* (zu *Romulus et Remus* aus dem vorherigen Satz), *Remus ... illudens, Remus ... neglegens, Romulus ... incensus*
3. *inceptum:* PPP von *incipere,* hier substantiviert (das Begonnene = das Vorhaben),
nominata: bildet als PPP von *nominare* mit *est* das Prädikat.

AUFGABE 6 **S. 89**
Auguriis ambiguis acceptis alii Remum, alii Romulum regem salutaverunt. – Da man zweideutige Vogelzeichen erhalten hatte, begrüßten die einen Remus, die anderen Romulus als König. Gedankliches Verhältnis: kausal; zeitliches Verhältnis: vorzeitig *oder* Nach Erhalt von zweideutigen Vogelzeichen begrüßten die einen Remus, die anderen Romulus als König. Gedankliches Verhältnis: temporal; zeitliches Verhältnis: vorzeitig
Remus verba fratris neglegens tamen murum transiluit. – Remus sprang trotzdem über die Mauer, indem er die Worte seines Bruders nicht beachtete. Gedankliches Verhältnis: modal; zeitliches Verhältnis: gleichzeitig

AUFGABE 7 **S. 89**
Romulus und Remus, die Enkel des Königs Numitor, wollten eine neue Stadt gründen. Aber aus Gier nach der Herrschaft stritten sie sich; schließlich beschlossen sie, mit einer Vogelschau den Streit beizulegen. Doch weil / nachdem man zweideutige Vogelzeichen erhalten hatte (oder: nach Erhalt von zweideutigen Vogelzeichen), begrüßten die einen Remus, die anderen Romulus als König. Wenig später legte Romulus schon die Fundamente der Mauern, als Remus, das Vorhaben des Bruders verspottend (oder: voll Spott über ... / indem er ... verspottete), den Bruder auslachte. Romulus aber rief aus: „Niemandem wird es erlaubt sein, über diese Mauern zu springen!“ Dennoch sprang Remus, ohne die Worte des Bruders zu beachten (oder: unter Missachtung der Worte des Bruders) über die Mauer. Da tötete Romulus aus Zorn / zornentbrannt den Bruder; doch nachdem / da er den Bruder getötet hatte (oder: nach dem Mord / wegen des Mordes an seinem Bruder), empfand er sehr großen Schmerz. Schließlich ist die Stadt nach dem Namen des Romulus Rom genannt worden.

AUFGABE 8 **S. 90**
equo currente
cives defensuri
exercitus victurus
urbe condita
orationem habitam
discipulos studentes

AUFGABE 9 **S. 90**
Lösungsvorschlag:
laboribus a servis confectis – nachdem die Arbeiten von den Sklaven/-innen erledigt worden sind / waren
re publica a consulibus servata – nachdem der Staat von den Konsuln gerettet worden ist / war
tyranno a civibus interfecto – nachdem der Tyrann von den Bürgern getötet worden ist / war

urbe a Romulo aedificata – nachdem die Stadt von Romulus erbaut worden ist / war

AUFGABE 10 S. 90
Einem Menschen, der die Wahrheit sagt, gebe ich leicht nach.
Cäsar schonte die besiegten Feinde.
Der Senat der Karthager schickte Hannibal zu dem in Spanien kämpfenden Heer.
Cato hasst Menschen, die ihre Pflichten vernachlässigen.

AUFGABE 11 S. 91
Markus umtönt enormes Geschrei, da er über einem Bad wohnt. – Marcum supra balneum habitantem clamor ingens circumsonat. → habitantem: PPA, Akk. Sg. m, PC, GZ, kausal
Er hört das Ächzen der Männer, während sie trainieren, und das Geschrei der Jungen, wenn sie im Begriff sind, ins Schwimmbecken zu springen. – Gemitus virorum se exercentium clamoremque puerorum in piscina salturorum audit. → exercentium: PPA, Gen. Pl. m, PC, GZ, temporal, salturorum: PFA, Gen. Pl. m, PC, NZ, temporal
Gebildete Männer pflegen, nachdem sie das Schwimmbecken verlassen haben, in der Bibliothek Bücher zu lesen. – Piscina relicta viri eruditi in bibliotheca libros legere solent. → relicta: PPP, Abl. Sg. f, Abl. abs., VZ, temporal

AUFGABE 12 S. 91
Milites oppidum paucis defenden**tibus** expugnare non potuerunt. – Die Soldaten konnten die Stadt, obwohl nur wenige sie verteidigten, nicht einnehmen.
Ubii legatos ad Caesarem mitt**entes** auxilium petiverunt. – Die Ubier baten um Hilfe, indem sie Gesandte zu Cäsar schickten.
Cicerone consul**e** Catilina coniurationem fecit. – Unter dem Konsulat Ciceros / Als Cicero Konsul war, zettelte Catilina eine Verschwörung an.
Cives Ciceroni gratias agunt re publica maximis periculis libera**ta.** – Die Bürger danken Cicero, da er den Staat von größten Gefahren befreit hat.

7 Der Konjunktiv

ÜBUNG 1 S. 94
rideatis; accedat; adiungamus; narres; oremus

ÜBUNG 2 S. 94

Konj. Präsens	*Futur I*
audiamus	ignoscent
simus	venies
defendant	feretis
faciat	eris
feramus	facies

ÜBUNG 3 S. 94
occupamur → **occupemur**
parabas → **parares**
movet → **moveat**
disputantur → **disputentur**
ibant → **irent**
convenitis → **conveniatis**
corripiebam → **corriperem**
interficitur → **interficiatur**
portabantur → **portarentur**
crescimus → **crescamus**
dabatur → **daretur**
animadvertitis → **animadvertatis**
occultabamus → **occultaremus**
eunt → **eant**

ÜBUNG 4 S. 95
apportaveris → *beides*
fuerim → *Konjunktiv Perfekt*
tulerimus → *beides*
clamaverit → *beides*
gesseritis → *beides*
fuero → *Futur II*
habitaverim → *Konjunktiv Perfekt*

ÜBUNG 5 S. 95
fero → ferunt → feruntur → ferantur → feraris → ferreris → ferres → tuleris → tulisti → tulistis → tuleratis → tulissetis → lati, -ae, -a essetis → latus, -a, -um essem → ferar

ÜBUNG 6 S. 95
nolueram: **noluissem**
volebas: **velles**
maluissent: **maluerant**

es: **sis**
velim: **volo**
noluimus: **noluerimus**
fuisses: **fueras**
ieramus: **issemus**
fuit: **fuerit**
eas: **is**
ibatis: **iretis**
fuerant: **fuissent**

ÜBUNG 7 S. 98

1. Hoc non intellegas. – Das dürftest du wohl nicht verstehen.
2. Multa diceres. – Man hätte vieles sagen können.
3. Sine me non valeres. – Ohne mich ginge es dir nicht gut.
4. Quis hoc credat? – Wer könnte das glauben?
5. Non putaretis me felicem esse. – Ihr hättet wohl nicht glauben können, dass ich glücklich bin.
6. De ea re dubitavisses. – Du hättest daran gezweifelt.

ÜBUNG 8 S. 98

1. Potentialis der Gegenwart
2. Potentialis der Vergangenheit
3. Irrealis der Gegenwart
4. Potentialis der Gegenwart
5. Potentialis der Vergangenheit
6. Irrealis der Vergangenheit

ÜBUNG 9 S. 98

Der Konjunktiv Präsens kann eine **Möglichkeit** in der Gegenwart ausdrücken, er heißt dann **Potentialis.** Ohne Bedeutungsunterschied steht auch der Konjunktiv Perfekt.
Der Konjunktiv Perfekt wird ebenfalls für verneinte **Befehle,** also Verbote, verwendet. Er wird in dieser Funktion **Prohibitiv** genannt. In Fragen kann der Konjunktiv Präsens als **Dubitativ** ein **Zweifeln** oder Abwägen bedeuten. Steht der Konjunktiv Präsens in Aufforderungen an die **1. Person Plural,** nennt man ihn in **Adhortativ,** in solchen an die **3. Person** heißt er **Iussiv.** Im Wunschsatz bedeutet der Konjunktiv Präsens, dass der Wunsch **erfüllbar** ist.

ÜBUNG 10 S. 99

Imus. → **Eamus!**
Dicit. → **Dicat!**
Ex urbe fugimus. → **Ex urbe fugiamus!**
Alter alteri non invidet. → **Alter alteri ne invideat!**
Non venit. → **Ne veniat!**

ÜBUNG 11 S. 99

Noli tacere! → **Ne tacueris!**
Nolite dubitare! → **Ne dubitaveritis!**
Noli aliquid scribere! → **Nihil / Ne quid scripseris!**
Nolite me exspectare! → **Ne me exspectaveritis!**

ÜBUNG 12 S. 99

Velim litteras scribas! (erfüllbar, Gegenwart) – Hoffentlich schreibst du einen Brief!
Vellem maneretis! (unerfüllbar, Gegenwart) – Würdet ihr doch bleiben!
Utinam amici mox advenerint! (erfüllbar, Vergangenheit) – Hoffentlich sind die Freunde bald angekommen / da!
Utinam hoc verum esset! (unerfüllbar, Gegenwart) – Wenn das doch wahr wäre!
Vellem magister domi mansisset! (unerfüllbar, Vergangenheit) – Wenn der Lehrer doch zu Hause geblieben wäre!

ÜBUNG 13 S. 101

Sg.	*m*	*f*	*n*
Nom.	qui	quae	quod
Gen.	cuius	cuius	cuius
Dat.	cui	cui	cui
Akk.	quem	quam	quod
Abl.	quo	qua	quo
Pl.	*m*	*f*	*n*
Nom.	qui	quae	quae
Gen.	quorum	quarum	quorum
Dat.	quibus	quibus	quibus
Akk.	quos	quas	quae
Abl.	quibus	quibus	quibus

ÜBUNG 14 S. 101

Animalia, **quae** magna sunt, saepe timentur. – Die Tiere, die groß sind, werden oft gefürchtet (normaler Relativsatz).
Gladiatorem, **qui** fortiter pugnet, valde

admiramur. – Wir bewundern den Gladiator, da er tapfer kämpft (kausal).
Amicus, **cui** nomen est Marcus, me iam exspectat. – Mein Freund, der Marcus heißt, erwartet mich schon (normaler Relativsatz).
Milites, **quos** hostes vicissent, contempti sunt. – Die Soldaten wurden verachtet, da die Feinde sie besiegt hatten.

ÜBUNG 15 S. 101

Pater domum, quae magna est, emit. – Der Vater kauft ein Haus, das groß ist (normaler Relativsatz).
Pater hanc domum, quae magna sit, emit. – Der Vater kauft dieses Haus, da es groß ist (kausal).
Pater illam domum, quae magna sit, tamen non emit. – Der Vater kauft jenes Haus, obwohl es groß ist, trotzdem nicht (konzessiv).

ÜBUNG 16 S. 101

Galli ad Caesarem venerunt, qui de pace agerent. – Zu Caesar kamen Gallier, die über den Frieden verhandeln sollten / um über den Frieden zu verhandeln (final).
Sunt, qui hoc credant. – Es gibt Leute, die (so sind, dass sie) das glauben (konsekutiv).
Corneliam non vidi, quae aegrota esset. – Cornelia habe ich nicht gesehen, da sie krank war / Cornelia, die ja krank war, habe ich nicht gesehen (kausal).
Non es is, qui hoc facile credat. – Du bist nicht von der Art, dass du das leicht glaubst / glauben würdest (konsekutiv).
Homines deos colunt, quos numquam videant. – Die Menschen verehren die Götter, die sie doch niemals sehen / obwohl sie sie niemals sehen (konzessiv).

Klassenarbeiten

AUFGABE 1 S. 104

issent → **3. Ps. Pl. Konj. Plusqu. Akt.**
von *ire – gehen*
capiamus → **1. Ps. Pl. Konj. Präs. Akt.**
von *capere – fassen*
crederem → **1. Ps. Sg. Konj. Imperf. Akt.**
von *credere – glauben*
ferant → **3. Ps. Pl. Konj. Präs. Akt.**
von *ferre – tragen*
fueris → **2. Ps. Sg. Konj. Perf. (Akt.)**
von *esse – sein*
fecissetis → **2. Ps. Pl. Konj. Plusqu. Akt.**
von *facere – tun*
veniam → **1. Ps. Sg. Konj. Präs. / Futur I Akt.**
von *venire – kommen*

AUFGABE 2 S. 104

ignosceret – ferretur
audiatis – regamini
aperuerit – rectus sit
adduxerunt – capti sunt
moveam – terrear
promitteres – tenereris
amiseratis – neglecti eratis
damus – amamur

AUFGABE 3 S. 104

Appropinqua! → **Ne appropinquaveris! / Noli appropinquare!**
Tabulas portate! → **Ne tabulas portaveritis! / Nolite tabulas portare!**
Dic! → **Ne dixeris! / Noli dicere!**
Servi, portam aperite! → **Servi, ne portam aperueritis! / Servi, nolite portam aperire!**
Tacete, discipuli! → **Ne tacueritis, discipuli! / Nolite tacere, discipuli!**

AUFGABE 4 S. 105

Nollem id dixissent! (Wunsch, unerfüllbar) – Hätten sie das doch nicht gesagt!
Domum eamus! (Aufforderung) – Lasst uns nach Hause gehen!
Velim Romam eamus! (Wunsch, erfüllbar) – Hoffentlich gehen wir nach Rom!
Omnia dicat! (Aufforderung) – Er soll alles sagen!
Utinam litteras scriberes! (Wunsch, unerfüllbar) – Wenn du doch einen Brief schreiben würdest!

AUFGABE 5 S. 105

1. Quis se immortalem esse **credat?**
2. Hoc non narravissem.
3. Sine **te desperarem.**
4. **Putaretis** me amicum infidelem esse.

Übersetzung der anderen Versionen:
1. Wer glaubt, dass er unsterblich ist?
2. Das würde ich nicht erzählen.
3. Ohne dich dürfte ich wohl verzweifeln.
4. Ihr könntet wohl glauben, dass ich ein treuloser Freund bin.

AUFGABE 6 S. 105
Rufus ist nicht so, dass er / keiner, der andere beneiden würde (konsekutiv).
Cornelia gibt einer Sklavin einen Brief, die ihn Tullius bringen soll / damit sie ihn Tullius bringt (final).
Claudius und seine Brüder haben, da sie schliefen, nichts gehört / Claudius und seine Brüder, die ja schliefen, haben nichts gehört (kausal).
Marius kam, obwohl er nicht eingeladen war, zum Abendessen. / Marius, der doch nicht eingeladen war, kam trotzdem zu Abendessen (konzessiv).

AUFGABE 7 S. 106
intellegat; veniant; pugnaret; habeant; rexissent; videris; essem; eamus; nolimus

AUFGABE 8 S. 106
salutabantur: **salutarentur**
egeram: **egissem**
movet: **moveat**
territi sunt: **territi sint**
solvimus: **solvamus**
volo: **velim**
reprehenderis: **reprehendaris**
ibant: **irent**
cepistis: **ceperitis**
fueratis: **fuissetis**
negas: **neges**
es: **sis**

AUFGABE 9 S. 106
Ad ludos imus. → Ad ludos eamus! – Lasst uns zu den Spielen gehen!
Omnia dicit. → Omnia dicat! – Er / Sie soll alles sagen!
Ad cenam eos invitas. → Invita eos ad cenam! – Lade sie zum Essen ein!
Amicum non exspectamus. → Ne amicum exspectemus! – Lasst uns nicht auf den Freund warten!
Dubitatis de ea re. → Dubitate de ea re! – Zweifelt an dieser Sache!
(Konjunktiv: für die Aufforderungen an die 1. Ps. Pl. und 3. Ps. Sg. / Pl.; Imperativ: für die Aufforderungen an die 2. Ps. Sg. / Pl.)

AUFGABE 10 S. 107
Ne pecuniam effuderitis! → Nolite pecuniam effundere! – Verschwendet kein Geld!
Noli istum ad convivium adhibere! → Ne istum ad convivium adhibueris! – Bitte diesen da nicht zum Gastmahl hinzu!
Ne liberis timorem inieceris! → Noli liberis timorem inicere! – Flöße den Kindern keine Angst ein!
Nolite Marcum in forum deducere! → Ne Marcum in forum deduxeritis! – Begleitet Markus nicht zum Forum!

AUFGABE 11 S. 107
Utinam pilam inveniam! (erfüllbarer Wunsch der Gegenwart) – Hoffentlich finde ich den Ball!
Vellem illam statuam pulchram emissem! (unerfüllbarer Wunsch der Vergangenheit) – Hätte ich doch jene hübsche Statue gekauft!
Utinam filius domum veniret! (unerfüllbarer Wunsch der Gegenwart) – Wenn doch der Sohn nach Hause käme!
Utinam amica litteras mihi miserit! (erfüllbarer Wunsch der Vergangenheit) – Hoffentlich hat mir meine Freundin einen Brief geschickt!

AUFGABE 12 S. 107
Oppidani, **qui** exercitum sociorum viderent, in spem auxilii venerunt. – Die Stadtbewohner schöpften Hoffnung auf Hilfe, da sie das Heer ihrer Verbündeten sahen (kausal).
Ludi, **quos** omnes admirentur, mihi tamen non placent. – Die Spiele, welche doch alle bewundern, gefallen mir dennoch nicht (konzessiv).
Augustus multos homines interfecit, **qui** sibi inimici non essent. – Augustus tötete viele Menschen, obwohl sie ihm nicht feindlich / keine Feinde waren (konzessiv).
Hannibal, **cui** Romani maximo odio essent, eos superare voluit. Hannibal, der ja / da er die Römer überaus hasste, wollte diese besiegen (kausal).

AUFGABE 13 S. 108
Seneca Lucilio suo salutem dicit.
Libenter cognovi te familiariter vivere cum servis tuis, qui etiam homines <u>sint</u> (3. Ps. Pl. Konj. Präs. Akt.; Relativsatz mit kausalem Nebensinn). Hoc prudentiam tuam, hoc eruditionem decet. Multis dominis autem odio est cum servis cenare. Servos, qui saepe eos circumstant, iubent: „Ne labra <u>moveritis</u> (2. Ps. Pl. Konj. Perf. Akt.; Prohibitiv)! Semper tacete, dum ceno!“ Nocte tota ieiuni mutique perstant.
Cogita istum, quem servum tuum vocas, aeque spirare, aeque vivere, aeque mori!
Ne <u>contempseris</u> (2. Ps. Sg. Konj. Perf. Akt.; Prohibitiv) hominem, qui adversam fortunam, quae facile <u>mutetur</u> (3. Ps. Sg. Konj. Präs. Pass.; Relativsatz mit kausalem Nebensinn), tolerat!
Vive ergo clementer cum servis et cena cum eis, qui digni sunt!
Te diutius morari nolo. Utinam <u>valeas</u> (2. Ps. Sg. Konj. Präs. Akt.; erfüllbarer Wunsch der Gegenwart)!

AUFGABE 14 S. 108
multis dominis (Dat. commodi) autem odio (Dat. finalis) est – viele Herren jedoch hassen
nocte tota (Abl. temporis) – die ganze Nacht
vivere clementer cum servis (Abl. sociativus) – milde mit den Sklaven leben

AUFGABE 15 S. 108
Libenter cognovi te (A) familiariter vivere (I) cum servis tuis ... – Mit Vergnügen habe ich erfahren, dass du mit deinen Sklaven ... freundschaftlich lebst.
Cogita istum (A), ..., aeque spirare (I), aeque vivere (I), aeque mori (I)! – Bedenke, dass jener, den du deinen Sklaven nennst, gleichermaßen atmet, gleichermaßen lebt, gleichermaßen stirbt!

AUFGABE 16 S. 108
Seneca grüßt seinen Lucilius.
Mit Vergnügen habe ich erfahren, dass du mit deinen Sklaven, die ja auch Menschen sind, freundschaftlich lebst. Das ziemt sich für deine Klugheit, das (ist) deiner Bildung (angemessen). Viele Herren jedoch hassen (es), mit den Sklaven zu speisen. Den Sklaven, die oft um sie herumstehen, befehlen sie: „Bewegt eure Lippen nicht! Schweigt immer, während ich speise!“ Die ganze Nacht bleiben sie hungrig und stumm stehen.
Bedenke, dass jener, den du deinen Sklaven nennst, gleichermaßen atmet, gleichermaßen lebt, gleichermaßen stirbt! Verachte nicht einen Menschen, der ein unglückliches Schicksal erduldet, das sich ja / da es sich leicht ändert!
Lebe also milde mit den Sklaven und speise mit denen, die würdig sind!
Ich will dich nicht länger aufhalten. Hoffentlich geht es dir gut!

8 Adverbialsätze

ÜBUNG 1 S. 111
postquam – nachdem
cum – sooft
antequam – bevor
donec – bis
ubi primum – sobald
dum – während

ÜBUNG 2 S. 111

Bedeutung	*Ind.*	*Konj.*	*Funktion*
als, nachdem		x	cum historicum
als plötzlich	x		cum inversum
damals als	x		cum temporale
immer wenn	x		cum iterativum

ÜBUNG 3 S. 111
Postquam incendium Romae excitatum est, Romani timore perterriti ex urbe fugerunt. – Nachdem in Rom ein Feuer entfacht worden war, flohen die Römer angsterfüllt aus der Stadt.
Dum aedes templaque ardent, Nero laetus incendium spectavisse dicitur. – Während Häuser und Tempel brannten, soll Nero fröhlich den Brand betrachtet haben.
Cum urbs incendio deleta esset, Romanis ingentes labores impositi sunt. – Nachdem die Stadt durch den Brand zerstört worden war, wurden den Römern enorme Mühen auferlegt.
Incolae urbis, **donec** urbs renovata est, laeti non erant. – Die Einwohner der Stadt waren nicht froh, bis die Stadt erneuert war.

ÜBUNG 4 **S. 112**
iit: Nachdem Cicero ins Exil gegangen war, litt er sehr. postquam – nachdem
apportavit: Er lief immer sofort zur Tür, sobald der Sklave Briefe brachte. simul – sobald
legit: Cicero freute sich und war zugleich traurig, während er die Briefe seines Bruders las. dum – während
acceperat: Immer wenn er Briefe von seiner Frau bekommen hatte, vergoss er Tränen. cum – immer wenn
redisset: Nachdem Cicero nach Rom zurückgekehrt war, feierte ihn die Menschenmenge. cum – nachdem, als

ÜBUNG 5 **S. 112**
Incolae urbem reliquerunt, **ubi primum** hostes apparuerunt. – Die Einwohner verließen die Stadt, sobald die Feinde erschienen.
Oculi omnium in Ciceronem vertabantur, dum in senatu orationem habet. – Aller Augen waren auf Cicero gerichtet, während er vor dem Senat eine Rede hielt.
Ceteri senatores dormiebant, **cum** quidam senator orationem habebat. – Die übrigen Senatoren schliefen (immer), wenn ein gewisser Senator eine Rede hielt.
Hannibal bellum incipi iussit, **cum** dux declaratus esset. – Hannibal befahl, den Krieg zu beginnen, nachdem er zum Anführer erklärt worden war.
Nox erat, **cum** clamor servorum auditus est. – Es war Nacht, als man plötzlich Geschrei der Sklaven hörte.

ÜBUNG 6 **S. 114**
Nisi nos visitas, maesti sumus. – Wenn du uns nicht besuchst, sind wir traurig.
Si servi bene laboraverunt, a domino laudantur. – Wenn die Sklaven gut gearbeitet haben, werden sie vom Herrn gelobt.
Si reus hoc dicit, mentitur. – Wenn der Angeklagte das sagt, lügt er.
Si me quid rogaveris, respondebo. – Wenn du mich etwas fragst, werde ich antworten.
Nisi ad scholam itis, vituperamini. – Wenn ihr nicht in die Schule geht, werdet ihr getadelt.

ÜBUNG 7 **S. 114**
Im konditionalen Satzgefüge steht zum Ausdruck der Wirklichkeit der **Indikativ,** zur Bezeichnung der Möglichkeit einer Bedingung oder Folgerung der Potentialis, der im Lateinischen mit **Konjunktiv Präsens**, seltener mit **Konjunktiv Perfekt** ausgedrückt wird. Ist die Bedingung oder Folgerung irreal, steht der Irrealis der Gegenwart **(Konjunktiv Imperfekt)** oder der Vergangenheit **(Konjunktiv Plusquamperfekt)**.

ÜBUNG 8 **S. 114**
1. Vos laudarem, si taceretis.
Vos laudarem, si non / nisi semper dormiretis.
Vos laudarem, si tempore adveniretis.
2. Vos laudavissem, si bene studuissetis.
Vos laudavissem, si tabulas apportavissetis.

ÜBUNG 9 **S. 115**
Rufus ruri non versatur nisi aestate. – Rufus hält sich **nur** im Sommer auf dem Land auf.
Mater desperaret, nisi epistulam filiae acciperet. – Die Mutter würde verzweifeln, **wenn** sie **keinen** Brief von ihrer Tochter bekäme.
Isti nihil cogitaverunt nisi incendium sceleraque alia. – Diese Schurken da haben **nichts als / nur** Brandstiftung und andere Verbrechen ausgeheckt.
Nisi tum verum dixissent, nunc nemo eis credidisset. – **Wenn** sie damals **nicht** die die Wahrheit gesagt hätten, hätte ihnen nun niemand geglaubt.

ÜBUNG 10 **S. 115**
1. adsitis / timeam
2. acciperet / gauderet
3. pugnavisset / vicisset
4. accipiunt / sunt

ÜBUNG 11 **S. 115**
Wenn ihr mir helfen würdet, würde ich nichts fürchten. → Irrealis der Gegenwart
Wenn Cicero einen Brief seines Bruders bekommen sollte, dürfte er sich sehr freuen. → Potentialis
Wenn der Gladiator tapferer kämpfen würde, würde er siegen. → Irrealis der Gegenwart
Die Feinde hätten die Bedingungen der Römer angenommen, wenn sie nicht ungerecht gewesen wären. → Irrealis der Vergangenheit

ÜBUNG 12 S. 117
1. (so) dass → Konsekutivsatz
2. damit → Finalsatz
3. um zu (+ Inf.) → Finalsatz

ÜBUNG 13 S. 117
Konsekutivsatz: **ut non** (so dass nicht)
Finalsatz: **ne** (damit nicht)
Finalsatz nach *timere:* **ne non** (dass nicht)

ÜBUNG 14 S. 117
Tarquinius rex tam crudelis fuit, **ut** ab omnibus timeretur. – Tarquinius war ein so grausamer König, dass er von allen gefürchtet wurde.
Hamilcar, pater Hannibalis, filium ita educavit, **ut** numquam amicus populi Romani esset. – Hamilcar, der Vater Hannibals, erzog seinen Sohn so, dass er niemals der Freund des römischen Volkes war.
Gaius hodie tam attentus est, **ut** a magistro **non** vituperetur. – Gaius ist heute so aufmerksam, dass er vom Lehrer nicht getadelt wird.
Hercules tam fortis erat, **ut** a nullo vinci potuit. – Herkules war so stark, dass er von niemandem besiegt werden konnte.
Medea tanta ira incensa est, **ut** liberis **non** parceret, sed eos interficeret. – Medea war von so großem Zorn erfüllt, dass sie ihre Kinder nicht schonte, sondern sie tötete.

ÜBUNG 15 S. 117
Beeilt euch, damit ihr pünktlich (an-)kommt!
Caesar befahl, dass die Soldaten die Feinde angreifen sollten.
Die Soldaten fürchteten, dass die Feinde tapferer seien.
Rufus ging nach Rom, um dort die Tempel zu besichtigen.
Claudius wartete auf den Freund, aber fürchtete, dass er nicht mehr käme.
Die Mutter ruft ihre Töchter, damit sie sofort kommen.

ÜBUNG 16 S. 118
Marcus amicis persuasit, ut in forum irent. – Markus überredete seine Freunde, zum Forum zu gehen. (Finalsatz)
Magister discipulos admonet, ut tabulas apportent. – Der Lehrer ermahnt die Schüler, die Schreibtäfelchen mitzubringen. (Finalsatz)
Senatores censuerunt, ut bellum geretur. – Die Senatoren beantragten, dass Krieg geführt werden solle. (Finalsatz)
Senatores censuerunt bellum geri oportere. – Die Senatoren waren der Ansicht, dass man einen Krieg führen müsse / dass es nötig sei, dass ein Krieg geführt werde. (AcI)
Videte, ut bene agatis! – Seht zu, dass ihr gut handelt! (Finalsatz)
Senatores concedunt hoc crimen gravius esse. – Die Senatoren räumen ein, dass dieses Verbrechen ziemlich schwerwiegend ist. (AcI)

ÜBUNG 17 S. 118
Caesar militibus imperavit, ut impetum facerent.
Rufus timebat, ne pater rediret.
Mater filiam admonuit, ut properaret.

ÜBUNG 18 S. 120
Kausalsatz: quia, quod, **cum,** quoniam
Konzessivsatz: etsi, quamquam, **cum,** etiamsi

ÜBUNG 19 S. 120
Tullius non venit, quia aegrotus erat. – Tullius kam nicht, da er krank war.
Claudia amicaeque valde gaudent, cum invitatae sint. – Claudia und ihre Freundinnen freuen sich sehr, weil sie eingeladen wurden.
Servi laudantur, quoniam bene laboraverunt. – Die Sklaven werden gelobt, weil sie gut gearbeitet haben.
Pater saepe in curia erat, quod senator erat. – Der Vater war oft in der Kurie, da er Senator war.
Hannibal exercitum in Italiam duxit, cum Romanos vincere vellet. – Hannibal führte sein Heer nach Italien, da er die Römer besiegen wollte.

ÜBUNG 20 S. 120
Milites, cum perterriti essent, fuga salutem petiverunt. (Kausalsatz) – Die Soldaten suchten ihr Heil in der Flucht, da sie völlig eingeschüchtert waren.
Reus damnatus est, quamquam innocens erat. (Konzessivsatz) – Der Angeklagte wurde verurteilt, obwohl er unschuldig war.
Homines deos colunt, cum eos numquam viderint. (Konzessivsatz) – Die Menschen verehren die Götter, obwohl sie sie nie gesehen haben.

Tibi gratus sum, quoniam me adiuvisti. (Kausalsatz) – Ich bin dir dankbar, weil du mir geholfen hast.

ÜBUNG 21 S. 121

Moleste fero, quod numquam me visitas. – Ich bin darüber verärgert, dass / weil du mich nie besuchst. (faktisches / kausales *quod*)
Caesar oppidum, quod longe oppugnaverat, expugnavit. – Caesar hat die Stadt, die er lange belagert hatte, erobert. (*quod* als Relativpronomen; Kausalsatz hier nicht sinnvoll)
Bene facitis, quod me adiuvatis. – Ihr tut gut daran, dass ihr mir helft. (faktisches *quod*)
Male accidit, quod te non vidi. – Es traf sich schlecht, dass ich dich nicht gesehen habe. (faktisches *quod*)
Pater liberos monuit, quod non studuerant. – Der Vater mahnte die Kinder, weil sie nie gelernt hatten. (kausales *quod*)

ÜBUNG 22 S. 121

cum: Die Kinder wurden, da sie Gefäße zerbrochen hatten, von der Mutter geschimpft.
etsi: Claudia hat vor dem Hund ihres Großvaters große Angst, obwohl er klein ist.
quod: Cicero hat gut daran getan, dass er Catilina angeklagt hat.
etiamsi: Der Gladiator hätte, auch wenn er tapferer gekämpft hätte, nicht gesiegt.

Klassenarbeiten

AUFGABE 1 S. 122

nachdem: cum historicum
immer wenn: cum iterativum
damals als: cum temporale
obwohl: cum concessivum
weil: cum causale
als plötzlich: cum inversum

AUFGABE 2 S. 122

+ *Indikativ*	+ *Konjunktiv*
cum (damals als)	ut (so dass)
quod (weil)	ne (damit nicht)
quoniam (weil)	cum (nachdem)
quod (dass)	cum (obwohl)
quamquam (obwohl)	cum (weil)

AUFGABE 3 S. 122

Caesar militibus imperavit, ut impetum facerent. – Caesar befahl den Soldaten, einen Angriff zu machen. (Finalsatz)
Cicero orator tam clarus erat, ut omnes eum admirarentur. – Cicero war als Redner so berühmt, dass alle ihn bewunderten. (Konsekutivsatz)
Pater concedit, ut liberi ludeant. – Der Vater erlaubt, dass die Kinder spielen. (Finalsatz)
Dux impedivit, ne milites urbem delerent. – Der Heerführer verhinderte, dass die Soldaten die Stadt zerstörten. (Finalsatz nach *impedire*)
Vicinus mihi tam gratus erat, ut donum mihi daret. – Mein Nachbar war mir so dankbar, dass er mir ein Geschenk gab. (Konsekutivsatz)

AUFGABE 4 S. 124

Aeneas, cum Graeci Troiam expugnavissent et incendissent, cum Anchisa patre et Iulo filio et socis quibusdam ex urbe ardente fugit. Troiani, cum dei eis patriam novam dare constituissent, in Italiam navigaverunt. Aeneas sociique eius, postquam multa pericula superaverunt, denique Italiae appropinquaverunt. Sed tempestas, cum terram iam viderent, eos impedivit, ne ad oram accederent. Postremo naves Troianorum ad oram Africae appulsae sunt; ibi Dido regina regnabat. Troiani a Didone accepti Carthagine diu versabantur et urbem novam aedificare coeperunt. Dei autem, cum contenti non essent, Mercurium ad Aeneam miserunt, qui hoc mandatum ei nuntiaret: „Dei irati sunt, quod tam diu in Africa mansistis! Vobis imperant, ut Carthaginem relinquatis et Italiam petatis."
Itaque Didone invita Troiani Carthaginem reliquerunt. Tum Dido, quae Aeneam valde amaret, sibi mortem conscivit. Troiani autem, cum in Italiam advenissent, ibi patriam novam invenerunt.

AUFGABE 5 S. 123

1. cum Graeci Troiam expugnavissent et incendissent → vorzeitiger Temporalsatz;
cum dei eis patriam novam dare constituissent → Kausalsatz;
postquam multa pericula superaverunt → vorzeitiger Temporalsatz;
cum terram iam viderent → gleichzeitiger Konzessivsatz;

ne ad oram accederent → Finalsatz;
cum contenti non essent → Kausalsatz;
qui hoc mandatum ei nuntiaret → Relativsatz mit finalem Nebensinn;
quod tam diu in Africa mansistis → Kausalsatz;
ut Carthaginem relinquatis et Italiam petatis → Finalsatz;
quae Aeneam valde amaret → Relativsatz mit kausalem Nebensinn;
cum in Italiam advenissent → vorzeitiger Temporalsatz

2. cum Graeci ... incendissent: cum historicum – nachdem;
cum dei eis ... constituissent: cum causale – weil, da;
cum terram ... viderent: cum concessivum – obwohl;
cum non ... essent: cum causale – weil, da;
cum in Italiam advenissent: cum historicum – nachdem

3. postquam ... superaverunt: nachdem;
ne navibus ... accederent: dass (nach *impedire!*);
quod diu mansistis: (darüber) dass, weil;
ut Carthaginem ... petatis: dass;
quae Aeneam ... amaret: die ja, weil sie

4. ex urbe ardente: attributives Partizip, auf *urbe* bezogen;
Troiani a Didone accepti: PC, abhängig von *Troiani*;
Didone invita: nominaler Ablativus absolutus

AUFGABE 6 **S. 123**

Aeneas floh, nachdem die Griechen Troja erobert und in Brand gesetzt hatten, mit seinem Vater Anchises und seinem Sohn Iulus und einigen Gefährten aus der brennenden Stadt. Da die Götter beschlossen hatten, den Trojanern eine neue Heimat zu geben, segelten diese nach Italien. Aeneas und seine Gefährten näherten sich schließlich, nachdem sie viele Gefahren überwunden hatten, Italien. Aber ein Sturm hinderte sie, obwohl sie schon das Land sahen, an der Küste anzulegen. Schließlich landeten die Schiffe der Trojaner an der Küste Afrikas; dort regierte die Königin Dido.
Nachdem die Trojaner von Dido aufgenommen worden waren, hielten sie sich lange in Karthago auf und begannen, eine neue Stadt zu bauen. Da die Götter aber nicht zufrieden waren, schickten sie Merkur zu Aeneas, der ihm diesen Auftrag melden sollte: „Die Götter sind erzürnt, weil ihr so lange in Afrika geblieben seid! Sie befehlen euch, Karthago zu verlassen und nach Italien zu fahren.“ Gegen den Willen Didos verließen daher die Trojaner Karthago. Dido beging daraufhin, da sie Aeneas sehr liebte, Selbstmord. Nach ihrer Ankunft in Italien fanden die Trojaner dort eine neue Heimat.

AUFGABE 7 **S. 124**

cum – als, nachdem, wenn, immer wenn, damals als, obwohl, weil, indem; dum – während, solange (bis); postquam – nachdem; simulatque – sobald (als); donec – solange (bis); si – wenn; ut – dass, damit, sobald, wie; ne – damit nicht; priusquam – bevor

AUFGABE 8 **S. 124**

	Sinnrichtung	Subjunktionen
Zeit	temporal	postquam – nachdem
		dum – während
		antequam – bevor
Grund	kausal	quia – weil, da
		quoniam – weil, da
Bedingung	konditional	si – wenn
		nisi – wenn nicht
Folge	konsekutiv	ut – (so) dass
		ut non – (so) dass nicht
Zweck oder Absicht	final	ut – damit
		ne – damit nicht
		ne non – damit nicht
Gegengrund oder Einschränkung	konzessiv	etsi – auch wenn
		quamquam – obwohl

AUFGABE 9 **S. 125**
cum + Indikativ: **(damals) als** (cum temporale), **als (plötzlich)** (cum inversum), **immer wenn, sooft** (cum iterativum)
cum + Konjunktiv: **als, nachdem** (cum historicum), **weil, da** (cum causale), **obwohl** (cum concessivum)

AUFGABE 10 **S. 125**
Hannibal **cum** dux declaratus esset, bellum incipi iussit. – Nachdem Hannibal zum Heerführer ernannt worden war, befahl er, den Krieg zu beginnen / dass der Krieg begonnen werde.
Dum anima erit, spes erit. – Solange der Atem / das Leben sein wird, wird es (auch) Hoffnung geben.
Cum hostes fugiebant, milites Romani eos sequebantur. – Immer wenn die Feinde flohen, folgten die römischen Soldaten ihnen.
Magister discipulos iterum iterumque admonuerat, **antequam** eos punivit. – Der Lehrer hatte die Schüler immer wieder ermahnt, bevor er sie bestrafte.

AUFGABE 11 **S. 125**
Ulixes tam callidus erat, ut Troianos dolo fallere posset. (Konsekutivsatz) – Odysseus war so schlau, dass er die Trojaner mit einer List täuschen konnte.
Servi, properate, ut convivae vinum cibosque habeant! (Finalsatz) – Beeilt euch, Sklaven, damit die Gäste Wein und Speisen haben!
Vos moneo, ut caveatis. (Finalsatz) – Ich ermahne euch, dass ihr euch in Acht nehmt / euch in Acht zu nehmen.
Pater tanta ira incensus erat, ut filium magna voce increparet. (Konsekutivsatz) – Der Vater war so wütend, dass er seinen Sohn mit lauter Stimme schimpfte.

AUFGABE 12 **S. 126**
1. Wenn du die Spiele verachtest und deswegen nicht kommen wolltest, freue ich mich (darüber), dass du so weise bist. → HS: Realis, GS: Realis
2. Insgesamt waren die Spiele, falls du fragen solltest, sehr gut. → HS: Realis, GS: Potentialis GW
3. Die Spiele wären sehr gut gewesen, wenn nicht jener (berühmte) Gladiator von einem wilden Tier getötet worden wäre. → HS: Irrealis VH, GS: Irrealis VH
4. Ich hätte dich eingeladen, wenn dir die Spiele gefallen würden. → HS: Irrealis VH, GS: Irrealis GW

AUFGABE 13 **S. 126**
Lucius timebat, **ne** (Finalsatz nach *timere*) amore Claudiae frustra arderet. – Lucius fürchtete, dass er vergeblich in Liebe zu Claudia brannte.
Dido tam tristis erat, **quod** (Kausalsatz) Aeneas urbem reliquerat, **ut** (Konsekutivsatz) vivere non iam vellet. – Dido war so traurig, weil / dass Aeneas die Stadt verlassen hatte, dass sie nicht mehr leben wollte.
Gladiator bestiam non superavit, **quamquam** (Konzessivsatz) fortiter pugnaverat. – Der Gladiator besiegte das wilde Tier nicht, obwohl er tapfer gekämpft hatte.

ISBN 978-3-411-72733-9